KB166827

# 퀴어 시간성에 관하여

# 퀴어 시간성에 관하여

## 섹슈얼리티, 장애, 나이 듦의 교차성

제인 갤럽 지음
김미연 옮김

현실문화

*Sexuality, Disability, and Aging:*
*Queer Temporalities of the Phallus*
by Jane Gallop


**일러두기**

1. 외국 인명과 지명은 국립국어원 외래어 표기법을 원칙으로 하되, 국내에서 널리 사용되는 표기는 관행에 따르기도 했다.
2. 옮긴이 주는 각주로 달고 *, **, ***으로 표기했으며, 저자 원주는 미주로 달고 1, 2, 3으로 표기했다.
3. 제목을 표시하는 기호로 단행본, 잡지, 신문에는 『 』를, 논문과 기사와 단편 문학작품에는 「 」를, 영상물과 예술 작품에는 〈 〉를 사용했다.

나이 들면서 두려움은 덜어내고

행복감은 늘리는 자세로

내게 노화의 모범을 보여주신

아버지 멜빈 갤럽Melvin Gallop(1923-2017)께

이 책을 바칩니다.

# 차례

## 2부 전립선 수술 이후의 섹스



## 결론

서론

# 이론의 토대

## 크립 이론

지난 20여 년 동안 퀴어 이론과 장애 연구의 교차에 관한 글쓰기가 번창했다. 2006년에 출판된 로버트 맥루어Robert McRuer의 『크립 이론: 퀴어성과 장애성의 문화적 기호들』Crip Theory: Cultural Signs of Queerness and Disability[1]을 따라 나는 앞으로 이러한 교차 담론을 '크립 이론'*이라고 부를 것이다. 맥루어의 책 제목을 처음 보았을 때 나는 '크립'과 '퀴어'의 친밀한 관계가 상당히 마음에 들었으며, 그 관계야말로 내 이론을 이끌어갈 방향임을 직감할 수 있었다.

21세기 퀴어 이론에서 가장 활발한 영역은 장애 연구와의 교차에 있다. 정말 놀랍게도, 퀴어 이론 안에서 장애 연구의 의미는 한 가지 특별한 관심을 단순 적용하는 것이 아니라 오히려 퀴어 이론을 전진시키고 있는 것이다. 일례로, 일라이 클레어Eli Clare는 다음과 같이 쓰고 있다.

* '크립 이론'에서 '크립'은 영어 crip의 음역이다. 국내에서는 '불구'로 옮겨지기도 하지만, '크립'으로 음역되기도 한다. '장애'(disability)에 성적인 의미를 더하여 장애의 '자긍심'을 표현하려는 경향을 반영하고 고유한 정체성 어휘의 의미를 살리기 위해 음역하기로 한다.—옮긴이

> 내가 처음으로 퀴어성을 경험했던 때는 섹슈얼리티나 젠더가 아닌 장애와 연관이 있었다. 어린 시절 … 손목이 괴상한 각도로 뒤틀리고 옹이 진 근육들이 미세하게 떨리고 느리게 움직이는 내 몸이 … 친구들의 몸과는 너무도 다르다는 것을 알았다 … 그때 "뒤틀리고 부서지고 … 말도 안 되게 퀴어해"*라는 말을 들었다. … 반 친구들은 "불구, 지진아"라고 놀려대기도 했다. … 이때 나는 처음 퀴어성을 경험했다. 아주 나중에 젠더 및 섹슈얼리티와 연관된 경험을 했으며, 한 번 더 내 몸의 불가역적 차이를 인지하게 되었다. 아홉 살, 열 살, 열한 살이 되면서 내 깊은 자아의식은 남자도 여자도 아니었다.[2]

클레어의 위 인용문은 퀴어와 장애의 교차 이론에서 내가 가장 흥미롭게 생각한 점을 예증해준다. 장애는 퀴어보다 더 퀴어하고, 정상성에 저항하는 강력한 방식이자 근본적으로 신체의 다름을 인정하는 통로가 된다.

이 책은 크립 이론에 관한 많은 자료를 읽는 데서 시작되었다. 무엇보다도 2000년대에 접어든 이래로 차츰차츰 걷거나 서 있기조차 힘들어진 나의 경험, 단기간 휠체어를 이용해본 내 경험이 크립 이론과 어떻게 공명할 수 있는지에 뿌리를 두고 있다. 퀴어 이론 학

* 영어 표현의 '퀴어'(queer)는 소위 '이성애 정상성'에 맞서는 의미로 사용되는 것과 별도로 '괴상한', '별난' 등의 의미로 흔히 사용되는 단어다. 일라이 클레어는 자신의 섹슈얼리티 문제가 주목받기 전에 장애에 대해 사람들이 보인 반응에서 의미는 다르지만 똑같은 단어가 쓰인 경험을 술회하고 있다.—옮긴이

자로서 나는 장애라는 것에서 매력적인 정체성과 흡인력 있는 이론의 움직임을 발견했다.

나는 특히 장애 연구에서 로즈메리 갈런드-톰슨Rosemarie Garland-Thomson의 인상적인 표현으로서 "보통이 아닌 몸"에 가치를 부여하는 경향, "신체적 다름을 열등한 것이 아니라 다른 것으로 주장하는"[3] 경향에 주목해왔다. 장애가 규범보다 오히려 더 우월하다는 이 관점을 분명히 성적으로 보여주는 예로서, 장애와 성 연구를 위한 조사에서 어느 장애 여성이 답변한 다음의 문장을 보자. "성적으로 활동적인 장애인이라면 … 비장애인의 성이 얼마나 지루하고 무미건조해 보이는지에 주목할 것이다."[4]

2012년에 출간된 『성과 장애』Sex and Disability 선집에서 리바 레러Riva Lehrer가 했던 다음과 같은 도발적인 문장을 볼 때 장애는 분명 퀴어해 보인다. "나는 몸으로 심사위원들을 겁주는 장애 여성의 한 명일 것이다. 그들은 불안정한 우리의 생김새가 용인되지 않은 욕망을 암시할까봐 두려워한다. 무대 양쪽에서."[5] 위협적인 반규범성antinormativity을 자랑스레 여기는 우리에게 '크립'은 매우 섹시한 정체성으로 보일 수도 있다.

내가 여기서 크립 이론이라고 부르는 것은 명백히 21세기 퀴어 이론과의 상호작용에서 나온 작업을 포함할 뿐만 아니라 1990년대의 '장애인 성 권리 운동'[6]에서 비롯된 글쓰기도 포함하고 있다. 이들 사회과학자의 글들이 우리 인문학 쪽에 잘 알려지지 않은 것은 사실이지만, 그 글들이 장애에 관한 퀴어적 글쓰기에 밑거름이 되고 있으며, 내가 볼 때 크립 이론의 특징이라 할 수 있는 '프로-섹스pro-sex 반규범성'의 의미를 공유하고 있다.

인류학자인 에밀리 웬첼Emily Wentzell은 장애인 성 권리 운동을 다음과 같이 설명한다. "장애 운동이 '크립 문화'를 지지하고 후원하는 흐름과 함께 … 장애인 성 권리 운동은 … 특수한 장애를 지닌 개인들이 … 스스로 개발한 비규범적인 형태의 성적 표현을 적극적으로 옹호했다."[7] 일례로, 바버라 왁스맨Barbara Waxman과 캐럴 길Carol Gill은 1996년에 출판된 한 서평에서 "장애인들의 … 서로 다른 성적 표현"과 "장애인들이 개발한 다수의 풍요롭고 창의적인 … 성행위와 표현 양식"[8]을 거론한다. 왁스맨과 길의 글은 다원적인 섹슈얼리티("다수의 풍요롭고")에 대한 호의적인 이해를 보여주는 언어이자 크립 이론의 특징인 장애인의 주체성과 창의성을 강조하는 언어다.

1990년대 '장애인 성 운동'의 주요 인사이자 사회학자인 톰 셰익스피어Tom Shakespeare는 장애인 성 운동이 퀴어와 유사한 방식으로 행해지고 있다고 본다. 예를 들면 『섹슈얼리티와 장애』Sexuality and Disability에 실린 논문에서 그는 다음과 같이 쓰고 있다. "장애인의 섹슈얼리티를 탐구할 때 우리는 게이와 퀴어의 성정치를 탐구해온 … 레즈비언 게이 학자들이 직면했던 것과 비슷한 질문을 마주한다. 우리는 장애를 지닌 사람들이 주류 섹슈얼리티에 접근할 수 있도록 노력하고 있는가? 아니면 현대사회에서 성과 섹슈얼리티가 인정되고 … 제한되는 방식에 도전하고 있는가?"[9] 셰익스피어는 많은 장애 남성과 여성들이 (주류에 접근하려 노력하는) 첫 번째 선택을 채택한다는 점을 인정하면서도, 그 자신은 분명 두 번째를 택한다. 이러한 선택을 통해 그는 '퀴어의 성정치'와 연대를 이루며, 그와 그의 동료들은 크립 이론으로 포섭된다.

같은 글에서 셰익스피어는 내가 이 책에서 크립 이론으로 명명하는 것을 이론화하려는 야심을 표명한다. "우리는 성 영역을 지배하고 있는 개념들에 도전하고, 다른 이들—장애인만이 아닌—로 하여금 무엇이 중요하고 무엇이 가능한지를 재평가하게 … 할 수 있다." '장애인 성 운동'은 주류에 들어가려고 애쓰는 것 대신, "다른 이들—장애인만이 아닌—"이 제한된 섹슈얼리티 개념에서 벗어날 수 있도록 할 수 있다. 셰익스피어는 또한 한 가지 도전 형식을 제안한다. "장애인은 건강과 젊음에 대한 강박에 도전할 수 있다."[10] 과연 누가 이런 강박에서 벗어나 자유로운가?

크립 이론에 관한 내 견해에는 퀴어 이론 틀 안에서 장애를 생각하는 사람들의 글만 포함하고 있지는 않다. 장애인 성 권리 운동 내부의 사회과학자들만 포함하고 있지도 않다. 설령 퀴어 이론이나 장애 연구와 분명한 관련이 없더라도 비슷한 입장에서 이론화하는 학자들을 끌어오고 있다. 일례로, 웨스턴시드니대학교 의과대학의 연구자들이 저자로 참여하는 저널인 『암 환자 돌봄』Cancer Nursing에 2013년에 실린 글에서 크립 이론이라고 부를 만한 것을 발견했을 때 나는 너무나 놀랐고 기뻤다.

「암 투병 이후 성과 친밀성의 재교섭」Renegotiating Sex and Intimacy after Cancer이라는 논문에서 제인 M. 어셔Jane M. Ussher, 자넷 퍼즈

Janette Perz, 에밀리 길버트Emilee Gilbert, W. K. 팀 웡W. K. Tim Wong, 킴 홉스Kim Hobbs는 다음과 같이 쓴다. "암에 걸린 몸은 질병, 실패 혹은 비체화의 장소로 규정되지 않고, 오히려 편협한 이성애 규범의 틀 안에서 성을 정의하는 범주들을 깨부수고, '위반의 핵심 장소'로 개념화될 수 있다."[11] 암에 걸린 몸은 불쌍하거나 열등한 몸으로 여겨지는 대신 규범적 성 체제에 도전할 수 있도록 하는 이론적 자원과 개념적 토대를 우리에게 제공해줄 수 있다. 어셔와 그의 동료들은 퀴어 이론서나 장애 연구서에서 직접 인용하지는 않았다. 하지만 암 환자의 성적 재교섭에 대한 질적 연구는 매우 퀴어하고 매우 크립한 결론을 끌어낸다.

이 책의 토대가 된 많은 다른 이론적 논의를 상세히 설명하는 과정에서 내가 크립 이론으로 시작하는 이유는 그것이 이 기획의 시작점이어서만이 아니라 이 책 전반의 토대가 되는 이론의 관점이기 때문이다. 어떤 이론적 복잡함과 탐구가 뒤이어 오더라도, 나는 비규범적 신체로부터 나온, 그리고 그러한 신체가 "성의 영역을 지배하는 많은 생각에 도전"할 수 있는 방식으로 "다수의 풍요롭고 창의적인 … 성행위와 표현 양식"[12]을 인정하는 것을 토대로 시작하고 싶다.

## 노화와 퀴어 시간성

원래 이 책을 위해 계획한 크립 이론은 사실 내가 이번 집필을 시작하기 전인 2013년 1월에 그 틀이 바뀌었다. 현대언어학회Modern Language Association (MLA) 회합이 있던 호텔 로비에서 우연히 드보니 루서Devoney Looser와 몇 명이 모여 다음 연도 회합의 세션인 '장애로서/와 노년'Age and/as Disability이라는 세션에 관해 대화를 나누는 것을 듣게 되었다. 그들의 얘기를 태연히 엿들으면서 나는 이전에 생각지도 못했던 무언가를 깨달았다. 49세의 나이에 시작된 점진적 장애를 내가 십 년 이상 겪고 있는데, 그 순간까지 내 상황을 노화가 아닌 장애로만 생각해왔다는 점이다. 이와 같은 경험을 바탕으로 글을 쓰고 싶었던 나는 크립 이론에만 주목하고 단 한 번도 노화 연구에는 관심을 두지 않았었다.

나는 장애와 노화의 여러 범주가 상당한 정도로 서로 침윤되고 있음을 알게 되었다. 예를 들면 장애 연구의 주도적 인물인 마이클 베루베Michael Bérubé는 다음과 같이 표현한다. "우리 중 많은 사람이 나이 듦에 따라 장애를 겪게 될 것이라는 점은 어쩌면 인간 육신의 기본적인 사항일지도 모른다."[13] 베루베의 것과 비슷한 진술이 다른 장애 연구에서도 발견되며, 하나의 범주로서 장애가 노화와 밀접한 관계에 있다는 인식 역시 널리 퍼져 있음이 확인된다. 이러한 겹침을 향한 움직임이 노화 연구에서도 나타난다. 일례로, 노화에 관한 핵심 이론가인 마거릿 모건로스 걸레트Margaret Morganroth Gullette는 다음과 같이 발언한다. "노년을 정형화하거나 젊은 시절의 장애를 무시하거나 하는 일 없이, 누구나 중년이나 노년에 접어들 때 특별한 욕구를 갖게 되는 경향이 있다는 결론에 도달할 수 있다."[14] 그러나 이런 움직임이 빈번했는데도 장애와 노화 양쪽에서 나온 비평 작업 혹은 이론적 작업은 거의 없다.

2013년 초 바로 그 호텔 로비에서의 우연한 만남 덕분에 이 책은 이러한 양쪽 이론 틀의 덕을 보게 된 것이다. 내가 여기서 초점을 둔 것은 걸레트의 용어인 '(사람들이) 중년이나 노년에 접어들 때 갖는 특별한 욕구'다. 바꿔 말하면, 장애 혹은 노화로 이해될 수 있는 경험, 내가 여기서 후발성 장애라 부르는, 중년이나 그 이후에 시작되는 장애의 경험이 바로 그러한 것이다.

2013년 현대언어학회 회합에서 우연히 들었을 때 나는 지금까지 왜 이번 프로젝트에서 노화를 전혀 염두에 두지 않았는지 의아했다. 퀴어 이론가로서 내가 장애에 대해서는 매우 매력적인 정체성이자 설득력 있는 이론의 방법론이라고 보았으면서도, 노화에 대해서는 전혀 이론적 야망을 왜 품지 않았을까?

내가 좋아하는 몇몇 크립 이론가 중 한 명인 리바 레러는 이러한 질문에 대한 답변을 간략히 제시해준다. 앞서 내가 어떻게 '크립'에 매력을 갖게 되었는지 보여주려고 레러를 인용한 적이 있는데, 이번엔 좀 더 길게 그 부분을 가져오겠다. "노년의 여성들은 심지어 주목받고자 애쓸 때도 차츰 익명으로 사라진다. 나는 신체가 점차 노화되고 '보이지 않는 여성'의 대열에 합류하게 되는 날이 오고 있음을 직감할 수 있다. **그때까지**, 나는 몸으로 심사위원들을 겁줄 수 있는 장애 여성의 한 명일 것이다. 그들은 불안정한 우리의 생김새가 용인되지 않은 욕망을 암시할까봐 두려워한다."[15]

"그때까지"를 강조하는 이유는 그것이 장애와 노화 사이를 구분하는 표시로 작용하기 때문이다. 장애를 지닌 레러의 몸이 '노화할' 때, 그것은 사실 더는 '용인되지 않은 욕망을 암시'하지 않는다. 그녀의 예사롭지 않은 몸은 무섭고, 반규범적이고, 초가시적이고, 퀴어적인 몸에서 비가시적이고 탈성애화된 몸으로 바뀔 것이다. '그때' 그녀는 **더는** '장애 여성의 한 명'이 **아니게** 된다. 장애와 노화의 결합은 장애의 퀴어성을 해체하기에 이른다.

크립에서 노화로의 이동은 그저 개인만의 문제도 아니고 정체성 위기의 문제만도 아닌, 담론장 그리고 이론 틀의 문제다. 노화보다는 오히려 장애를 지적인 프레임으로 선호하게 되는 경향은 퀴어 이론 전체의 특징임을 깨닫게 되었다. 장애 연구가 퀴어 이론을, 퀴어 이론이 장애 연구를 훨씬 더 활발히 생성해내는 한편, 퀴어 이론과 노화의 교차에 대한 작업은 사실상 없다. 섹슈얼리티와 노화를 연구하는 사회학자 바버라 마셜Barbara Marshall과 스티븐 카츠Stephen Katz의 언급에 따르면 "노화와 성이 눈에 띄게 나타나는 문화와 담론에 주목하는 이론적, 역사적 탐구는 … 일반적으로 교차 지대를 고려하지 못한다."[16]

많은 퀴어 이론가가 청년기와 아동기에 관해 썼지만 나는 지금까지 노화에 관심을 둔 퀴어 이론가에 대해선 들어본 적이 없다. 하지만 최근 노화를 연구하는 몇몇 학자가 노년과 퀴어를 연결하고 있다. 그중 가장 초기 연구로 볼 수 있는 글은 린 샌드버그Linn Sandberg의 2008년 논문인 「노인, 추인, 퀴어」The Old, the Ugly and the Queer다. 샌드버그는 노년에 대해 "퀴어 이론 내에서는 … 거의 논의된 바가 없지만", "노년은 섹슈얼리티, 젠더, 신체를 어떻게 재고할지에 대한 강력한 잠재력을 갖고 있다"[17]고 주장한다. 나는 이번 내 책이 샌드버그의 대담한 주장을 구체화해줄 것이라고 보고 싶다.

샌드버그의 논문이 대학원생들의 투고를 위한, 그리 잘 알려지지 않은 잡지에 게재되고 3년이 지난 후, 걸레트는 그녀의 평판 좋은 책인 『나이의 관점에서』Agewise 중 섹슈얼리티에 관해 다룬 한 챕터에서 다음과 같은 결론으로 우리를 각성시켜준다. "급진적으로 언급된 노년의 섹슈얼리티들은 큰 가르침을 준다. … 오랜 기간에 걸친 성적 서사가 수천 가지 다양하게 있다는 점을 그저 믿는 것만으로도 현재의 고통을 의미하기보다는 … 더 많은 자유를 의미할 수 있다. … 어쩌면 성적 생애 경로 전체를 퀴어화하는 것이라고 말할 수도 있는데, 그 이유는 역사적으로 알려진 것보다 좀 더 급진적인 성 혁명처럼 보이기 때문이다."[18]

걸레트는 이미 노화에 관한 세 권의 주요 저서를 출판했다. 그러나 2011년에 나온 이 책이 섹슈얼리티를 다룬 챕터가 있는 최초의 저서일 뿐 아니라, '퀴어'에 관해 언급한 최초의 저서이기도 하다. 걸레트는 여기서 '노년의 섹슈얼리티들'과 퀴어를 연결하며, 이 둘의 연결은 "급진적인 성 혁명"과 같은 용어나 "섹슈얼리티들"이라는 복수형에 반영된다. 노년의 섹슈얼리티들과 퀴어 사이의 연결은 분명 지금 내 책의 중심에 있기도 하다.

퀴어와 종합적으로 연결하는 것 이외에도 걸레트의 책에서 사용된 “성적 생애 경로 전체를 퀴어화하는 것”이라는 표현은 2011년 당시 퀴어 이론의 가장 두드러진 흐름과 연관되는 것이며, 내가 이 책에서 ‘퀴어 시간성’queer temporality이라고 부르게 될 것이기도 하다. 21세기 다수의 퀴어 이론가들은 다양한 양상의 시간관에 정상성에 대한 저항뿐 아니라, 퀴어 이론의 특징인 대안적 삶의 가치를 더했다.[19] 내가 아는 한 그 어떤 퀴어 이론가도 ‘생애 경로’life course라는 표현을 쓰지 않았고, 2008년 샌드버그의 논문에서 ‘퀴어 시간성’을 노년에 적용할 때 비로소 그 표현이 등장한다. “노년에 대한 기존의 자연적인 도덕 양식은 생애 경로의 구성적 특성을 밝히는 퀴어 시간성에 의해 도전받을 수 있다.”[20]

내가 알기로 샌드버그가 퀴어 시간성을 노화에 적용하자고 최초로 제안하지는 않았지만, 그녀의 논문에서 그 주제를 아주 짧게 다루고는 있다. 그러나 1년 후, 레즈비언 노인학자 마리아 T. 브라운Maria T. Brown은 퀴어 시간성을 훨씬 상세히 고찰한다. 브라운은 퀴어 시간성 관련해서 중심적인 두 인물인 주디스 (잭) 핼버스탬Judith (Jack) Halberstam과 엘리자베스 프리먼Elizabeth Freeman의 연구를 논의한다. 일례로 브라운은 “노인학의 관점에서” 다음과 같이 쓴다. “핼버스탬은 퀴어 시간queer time이 제도화된 생애 경로 바깥에 있고, 제도화된 생애 경로를 거부한다고 진술한다. … 프리먼과 핼버스탬은 제도화된 생애 경로를 … 거부하고, 많은 종류의 대안적 삶과 생애 사건들의 시간적 순서를 가시화하는 것에 호의적이다.”[21] 브라운은 퀴어 시간성을 ‘노인학의 관점’으로 바꾼다. 그 변환의 중심에는 ‘생애 경로’라는, 노화 연구자에게 중요한 사회과학 개념이 있다. 생애 경로란 "개인이 시간의 경과에 따라 발생시킨 일련의 사건과 역할을 사회적으로 규정한 것"[22]이다. 브라운은 퀴어 이론가들이 규범적이라고 보는 '제도화된'이라는 용어를 사용하고, 퀴어 시간 이론을 규범적인 시간 경로의 거부로 이해하며, 대안적, 비규범적, 일시적 생애 배열을 지지한다. 브라운의 이러한 변환에 힘입어 우리는 걸레트의 생각처럼 생애 경로를 퀴어화하는 일이 진짜 퀴어 시간성의 목표라고 이해할 수 있다.

브라운은 노인학 이론에서 이른바 제도화된 생애 경로라고 보는 것을 핼버스탬이 "생애 경험의 전형적인 표지標識들, 이른바 탄생, 결혼, 재생산, 죽음"[23]이라고 부르는 것에서 찾아낸다. '전형적인 표지들'의 목록에서 특히 퀴어 시간성이 다투는 부분은 결혼과 재생산의 자리다. 퀴어 시간성은 재생산을 특권화하는, 비생식적 nonreproductive 삶과 순간들을 저평가하는, 성적 생애 경로에 도전한다. 재생산성에 대한 퀴어 비평에 시간의 차원을 덧붙이는 것은 퀴어의 삶을 결혼과 자녀 바깥에 두고자 하는 요구일 뿐만 아니라 완경 이후의 섹슈얼리티와 같은 비생식적 순간에 대한 요구를 의미한다. 생애 경로를 퀴어화하는 것은 그래서 생애 어느 구간이 적절히 성적이며 어느 구간은 그렇지 않음을 규정하는 시간 순서에 이의를 제기한다는 의미다.

설령 브라운이 퀴어 시간성을 노화에 적용하고자 그 용어들을 정립한다고 하더라도, 퀴어 이론에서의 이런 흐름에 대해 그녀는 사실 실망스럽다는 반응을 보인다. 핼버스탬과 프리먼과 같은 이론가들이 대안적 삶이라는 것을 '가시화'하고 싶어 하는지는 모르지만, 그들의 퀴어 시간 개념들이 정작 노화의 경험을 '비가시화'한다는 것이다.[24] 퀴어 시간에 대한 브라운의 설명 대부분은 퀴어 이론이 노인에 대해 간과하고 있는 점을 비판하고 있는 한편, 2012년에 저널 『노인, 문화, 인문학』Age, Culture, Humanities 편집진 중 한 명인 신시아 포트Cynthia Port는 명백히 퀴어 시간성을 노년 연구의 원천으로 끌어안았다. 일례로, "구체화된 주체성과 정체성의 범주로서 퀴어 섹슈얼리티와 노인 사이에 의미심장한 차이가 있다 하더라도, 퀴어 섹슈얼리티에 대한 이와 같은 새로운 접근은 노인의 시간성을 재고하는 데 흥미로운 가능성을 제시해준다."[25]

나는 퀴어 시간성 이론이 노년에 관해 고려하지 않는다는 브라운의 지적에 분명히 동의하지 않으며 이 이론을 노년 연구에 관한 귀중한 자원으로 이해하는 포트의 생각을 기꺼이 받아들인다. 사실 이 책의 교차적 초점에 노화를 추가할 필요를 인식하고 난 후 나는 퀴어 시간성과 노화를 함께 생각하는 것을 상상하기 시작했다. 크립 이론 덕분에 장애를 퀴어 이론의 관점에서 생각할 수 있듯이, 이 두 번째 이론적 교차는 이 책에서 노화를 퀴어화할 수 있도록 해줄 것이다.

나는 이 책을 착수하기 전부터, 그리고 크립 이론에 관한 광범한 독서를 하기 이전부터 '퀴어 시간성'에 관해, 그리고 그것과 함께 작업하고 있었다. 나는 퀴어 이론의 중점적 추세로 자리 잡게 된 것의 최초 사례라고 볼 수 있는 이브 세즈윅Eve Sedgwick의 시간성에 관해 쓴 스티븐 M. 바버Stephen M. Barber와 데이비드 L. 클라크David L. Clark의 2002년 논문에서 "퀴어 시간성"이라는 어구를 가져왔다.[26] 이전 책에서 글쓰기와 죽음에 관한 논의를 위해 나는 퀴어 시간성이란 표현을 사용했고, 세즈윅의 뒤를 이어 퀴어는 직선적이지도 이성애적이지도 않은 시간성, 질서 정연히 배치되지 않은 순간에 초점을 둔 비틀어진 시간성임을 강조했다.[27] 특히 규범적인 시간표와 기승전결의 서사가 섹슈얼리티로 인해 꼬이는 순간에 전념하는 식으로, 비틀어진 시간성에 관한 관심은 이 책에서도 여전히 유지된다.

내가 그렇게 퀴어 시간성 이론에 몰두하고 있었기 때문에, 어쩌면 불가피하게도 그 관점에서 노화 역시 고려하게 되었는지 모르겠다. 왜냐하면 걸레트가 언급했듯이, 노화는 "시간성의 한 가지 형식"[28]이라고 할 수 있기 때문이다. 나는 진정 노화가 시간성에 관한 모든 것, 문자 그대로 시간성의 생생한 경험이라고 말하고 싶다. 우리의 분석에 노화를 추가하는 일은 또 하나의 정체성 집단을 추가하는 것이라기보다는 크립 이론에 시간성을 추가하는 작업이자 섹슈얼리티와 몸에 대한 이해에 시간성을 추가하는 작업이다.

노화에 관한 사고를 위해 퀴어 시간성 활용을 생각하고 있을 무렵 나는 포트의 2012년 논문을 읽고 매우 기뻤다. 이런 방향이 창의적인 이론의 교차가 될 수 있다고 믿는 노화 연구자를 발견한 점에서 너무나도 좋았다.[29] 포트는 브라운과 마찬가지로 핼버스탬과 프리먼을 인용하지만, 정작 그녀가 가장 유용하다고 생각한 퀴어 이론이 브라운의 논문에는 보이지 않는다. 포트는 논문 제목을 2004년에 나온 리 에덜먼Lee Edelman의 논쟁적이면서 영향력 있는 책 『미래가 없다』No Future를 암시하는 「미래가 없다고?」No Future?로 붙인다.

퀴어 시간에 대한 핼버스탬과 프리먼의 이해는 퀴어 문화에 깊이 뿌리 내려 있지만, 에덜먼의 시간성 이론은 퀴어들이 규범적 사회 질서의 관점에서 상징하고 있는 것에 기초하고 있다. 에덜먼에 따르면, 규범적 시간성이란 (미래의 약속에 모든 것을 부속시키는) 강제적 미래주의이며, 퀴어들은 현재보다 미래를 선호하는 강제적인 사회질서에 대한 위협을 나타낸다.[30] 포트는 이러한 공식을 노인들에게도 상당히 효과적으로 적용한다. 예를 들면 "노인들은 문화적 상상에 의거해 퀴어들처럼, 미래의 약속에 도움이 되기는커녕 주류 시간성 바깥에 있는 존재 그리고 미래의 전망에 훼방이 되는 존재로 그려진다."[31]

에덜먼은 미래주의를 재생산성과 엮는다. 예컨대 『미래가 없다』에서 미래의 약속을 위한 특권적 비유는 (신성한 위상을 암시하도록 대문자로 시작하는) '아이'the Child다. 퀴어들은 재생산을 하지 못하는 섹슈얼리티를 실행함으로써 '아이'를 낳을 가능성이 없는, 미래의 약속을 보장하지 않는 섹슈얼리티를 추구한다. 에덜먼의 분명한 관심사는 아니지만, 미래와 아이를 특권화하는 일은 분명 아이를 잉태할 시기가 지난 사람들을 평가 절하하고 그들을 탈성화하는 일에 연루될 수 있다.

에덜먼의 책은 공격적이고, 순응적이지 않으며, 종종 '반사회적'

이라고 알려져 있기에 지금껏 영향력 있고 논쟁적이었다. 에덜먼의 책이 지금 이 책에서는 중요한 역할을 차지하지 않지만, 그 책의 날카로운 호전성을 규범적 노화에 대한 나의 도전에 끌어오고 싶다. 『미래가 없다』에서 퀴어는 아이와 미래에 대한 위협의 자리를 차지하도록 되어 있다. 『미래가 없다』가 출판된 이후 게이들은 한동안 더욱더 공개적으로 결혼과 출산이라는 제도화된 생애 경로에 진입하고 있다. 이 특정 시점에서 미국의 문화적 상상력이 너무나 급격히 바뀌어서 퀴어가 더는 2004년만큼 위협으로 비유되지 않을 수 있다. 지금 순간에 재생산의 미래에 대한 숭배는 사실상 퀴어에게 했던 것보다 노인들을 훨씬 더 평가 절하할 수 있다. 아마도 그 점이 걸레트가 노년의 섹슈얼리티들을 내세우게 되면 '역사적으로 알려진 것보다 더 급진적인 일종의 성 혁명'의 결과를 이끌 수 있다고 말할 때 그녀가 의도한 것일지 모른다.[32]

『미래가 없다』가 퀴어 이론의 가장 영향력 있는 책이라면, 포트에게 노화 연구에서 가장 중점적인 영향을 미친 것은 사실 쇠퇴에 관한 걸레트의 책이다. 걸레트의 쇠퇴 이론은 마찬가지로 퀴어 시간성을 노화에 연결 지으려는 이 책의 시도에서도 중심적이다. 두 권의 훌륭한 책—1997년의 『쇠퇴의 거부』Declining to Decline와 2004년의 『문화가 노화를 만들다』Aged by Culture—전체에 걸쳐 걸레트는 성인의 노화에 대한 우리의 관념을 지배하고 있는 시간 범주의 개념화를 펼쳐낸다.[33] 포트는 이를 "쇠퇴 이데올로기"로 지칭한다. 또한 문학적 시간성에 근거를 둔 걸레트는 그것을 자주 "쇠퇴 이야기"라고 부른다. 포트에 따르면, 그것은 "노년을 불가피한 쇠퇴로 연상시키는 서사 구조"[34]다. 걸레트는 1997년에 그것[쇠퇴 이야기]을 도입하면서 "생애 경로의 거대 서사"[35]라고 부른다. 쇠퇴에 관한 걸레트의 이론은 주요 규범적 시간성, 생애의 절반 이후, 즉 중년과 그 이후 시기에 대한 이해와 파악을 좌우하는 시간성을 명명하고 규명한다.

나는 걸레트의 이론이 퀴어 시간성과 무척 잘 어울린다는 포트의 생각에 동의한다.[36] 걸레트는 재생산의 시기가 지난 후에 쇠퇴기에 접어들게 된다는, 이른바 규범적인 생애 경로의 윤곽을 그리면서 그것을 비판한다. 그리고 그것은 분명 비생식적 삶과 순간의 가치를 깎아내리는 일에 대한 퀴어 비평에 부합한다. 걸레트는 자신의 삶과 작품을 통해 '쇠퇴를 거부하기', 쇠퇴 이론의 문화적 지배에 저항하기에 전념한다. 규범적 시간성에 대한 그러한 저항은 퀴어 시간성을 지지하는 여러 사람이 마찬가지로 취하는 자세이기도 하다.

그러나 걸레트의 쇠퇴 이론이 나의 이 책에서 핵심적인 이유는 그것이 단지 퀴어 시간성에 적합해서가 아니다. 오히려 퀴어 이론과 크립 이론 양쪽과 함께 논의할 수 있기 때문이다. 걸레트는 섹슈얼리티뿐만 아니라, 어쩌면 더 그럴지도 모르지만, 장애까지 함축하는 노화 이론을 우리에게 제시해주고 있다.

『쇠퇴의 거부』에서 걸레트는 49세에 자신을 쇠약하게 만든 요통에 관해 털어놓음으로써 쇠퇴 이야기의 개념을 완성한다. 그녀가 찾아간 의사는 "당신이 젊었을 때 했던 것들을 앞으로는 할 수 없어요"라고 말한다. 환자는 이 말을 듣고, 진행성 쇠퇴의 미래를 상상하고는 "자살을 계획하기에" 이른다.[37] 『쇠퇴의 거부』는 파국적 상실 시점으로 들어서는 그러한 순간들이 노화의 문화적 구성을 정형화하고 있음을 가르쳐준다.

걸레트의 이야기는 이 책의 주요 관심사에 관한 좋은 사례다. 중년에 시작된 장애 이야기이자, 장애 경험으로도 혹은 노화 경험으로도 이해될 수 있는 이야기다. 설령 걸레트가 이 경험을 노화의 경험으로 이해하고 있다고 하더라도 말이다. 장애와의 연결은 그녀의 개인적 이야기에만 한정되지 않고 쇠퇴에 관한 그녀의 이론 전체에 스며 있다. 걸레트의 쇠퇴 이야기는 사실 젊음의 상실과 장애의 끈끈한 얽힘을 시사한다.

걸레트가 규명해온 '거대 서사'는 사실 성인에게 발생하는 장애에 대한 우리의 규범적인 이해와 파악에도 적용된다. 만일 지금껏 누구도 걸레트의 쇠퇴 이론을 장애에 적용해오지 않았다면, 그것은 아마도 우리가 시간성에 대한 관계에서 장애를 미처 충분히 숙고해오지 않았기 때문일 수 있다. 장애는 평생에 걸친 정체성 범주로 생각되는 경향이 있다. 우리는 대개 크립의 시간성을 고려하지도 않고, 신체가 시간에 따라 변화하는 방식에 대해서도 깊게 숙고하지 않았다.[38] 크립 이론에 시간성을 추가하는 일, 그리고 지금처럼 후천적 장애의 특별한 시간성에 초점을 두는 일을 하다 보면 걸레트의 이론화 작업이 매우 중요한 자원임을 발견하게 된다.

이러한 교차 작업을 다른 방향에서 접근해보자면, 크립 이론은 노화 분석에 대해 상당히 많은 것을 제시한다. 특히 규범적인 신체의 특권화에 극렬히 저항하는 것을 포함해서 말이다. 일례로 서두에 언급했다시피, 톰 셰익스피어는 2000년 논문에서 우리 문화의 특징이라 할 수 있는 "건강과 젊음에 대한 강박에 장애인이 충분히 도전할 수 있다"[39]고 제안한다. 노화에 관한 심사숙고는 모든 신체가 생애 경로에 따라 변화한다는 사실에 대한 우리의 분석 작업에 통합될 것이며, 노화가 곧 장애를 의미하게 되지 않을까 우려하는 이들은 마침내 크립 이론의 관련성을 받아들이게 된다.

이 책에서 나는 크립 이론을 이용해 쇠퇴 이야기에 저항할 것이다. 왜냐하면 걸레트가 쇠퇴 이야기라고 부르는 것은 노화에 대한 우리의 공포와 반응을 지배하는 것으로서 '건강과 젊음'을 문화적으로 특권화하는 데 토대가 될 뿐만 아니라, 궁극적으로 장애인을 열등한 인간으로 가정하는 데 밑거름이 되고 있기 때문이다.

열등한 인간이라는 가정은 또한 열등한 섹슈얼리티라는 가정이기도 하다. 크립의 관점은 어쩌면 노년의 섹슈얼리티들에 주목하고 그것에 가치를 두는 데 특히 유용할 수 있다. 에밀리 웬첼은 다음과 같이 말한다. "노년에 접어드는 이들은 장애를 지닌 이들과 섹슈얼리티 측면에서 비슷한 쟁점에 직면하게 된다. 그들은 무성asexual이라고 가정되며, 그들의 성적인 표현이 좌절될 뿐 아니라 섹슈얼리티를 신체적으로 표현하는 일이 평가 절하될 수도 있다."[40] 웬첼은 장애와 노화 연구 양쪽을 잘 아는 소수의 학자 중 한 명으로, 노인의 성적인 문제에 크립 이론을 적용하도록 제안한다.

이 책의 주안점은 장애 혹은 내가 후발 장애라고 부르는 노화에 해당되는 모든 경험에 있다. 이 책에서 특별히 내가 관심 가진 부분은 후발 장애의 성적인 삶이 어떻게 진행되는가다. 후발 장애가 어떻게 섹슈얼리티와 젠더에 대한 위협으로 작용하는지뿐 아니라, 어떻게 나이 들어 몸이 불편해진 이들의 섹슈얼리티가, (노인과 장애인을 차별하는) 규범적인 관점에서 볼 때 좀 더 도착적으로 바뀌는지가 내 주요 관심사다. 이 책에서 나는 퀴어와 크립 이론의 반규범적인 담대함으로, 젊지도 않고 비장애인able도 아닌 자의 도착적 섹슈얼리티를 탐구하고 찬양하려 한다.

## 노화와 팔루스

이 책의 부제에 있는 '팔루스'*는 내가 시종일관 당혹스러움을 느끼는 부분이다. 친구나 동료들이 자주 그렇듯이, 내가 무엇에 관한 책을 쓰고 있는지를 물을 때 나는 당당하게 "섹슈얼리티, 장애 그리고 노화에 관한 책"이라고 말한다. 하지만 이 책이 팔루스에 관한 것이기도 하다는 말은 좀처럼 누구에게도 하지 않는다. 사실 이 부분을 빼버리고 싶다는 생각도 자주 한다.

여기서 팔루스는 정신분석학 개념이다. 그 용어는 수십 년 동안

* '팔루스'(phallus)는 영어 음역을 따른다. 국내에서 '남근' 혹은 '팔루스'로 사용되는 이 용어는 정신분석학에서 단지 생물학적 의미로 사용되는 '페니스'(penis)와 구별된다. 이 책에서도 생물학적 몸의 기관을 의미하는 '페니스'와 (텅 빈) 기표로서의 '팔루스'를 구분해 사용한다.—옮긴이

프로이트와 라캉의 정신분석 이론을 연구한 나의 배경에 기인한다. 사실 애초에 팔루스에 관한 책을 쓰려 한 것은 아니지만, 섹슈얼리티, 장애, 노화가 교차하는 부분에 이르자 이 팔루스 개념이 지속해서 그리고 끈질기게 떠오르는 사실에 놀라지 않을 수 없었다. 이 책을 작업하는 몇 년 동안 나는 (30여 년 동안 퀴어 이론에 의해 탈자연화된) 팔루스 개념이 섹슈얼리티에 관한 이론화가 지속되도록 많은 기여를 해왔음을 알게 되었다.

이 점이 나를 당혹스럽게 할 뿐만 아니라 모순에 빠지게도 한다. 1970년대와 1980년대에 나는 페미니스트 관점에서 정신분석학에 관한 저술 작업을 했다. 그리고 정신분석학이 규범에 저항하는 섹슈얼리티 이론으로서 매우 귀중하다고 생각하는 것과는 별개로, 20여 년 동안의 내 글은 시종일관 정신분석 이론에서 차지하는 팔루스의 지배적 위치에 대해 비판적이었다. 예를 들면 1980년에 나는 이렇게 썼다. "그 어떤 섹슈얼리티든 그에 대한 기준으로서 팔루스의 지배는 여성을 경시한다."[41] 내가 정신분석학의 팔루스 개념을 페미니스트 관점에서 비판하는 데 기여했던 사람으로서 섹슈얼리티를 고려하는 용어로 다시 여기서 팔루스로 돌아오는 것에 대해 진정으로 주저하지 않을 수 없다.

정신분석학의 팔루스와 남성중심주의 사이의 관계는 사실상 거의 한 세기 동안 논쟁의 주제가 되었다.[42] 양측 모두 적절하고 설득력 있는 주장을 펼쳐왔다. 누군가는 팔루스가 지나치게 남성중심적 개념이지만 동시에 그렇지도 않다는 점을 설득력 있게 주장할 수 있다. 정신분석학에서 팔루스는 페니스the penis가 아니다. 라캉이 역설하듯이, "임상적 사실들은 … 해부학적 성차와 관계없이 확립된 팔루스와 주체의 관계를 보여준다."[43] 다른 한편, 1980년대에 내가 주장한 것처럼, 팔루스는 페니스에 대한 연상에서 간단하게 분리될 수 없다. 아무리 정신분석학 이론이 그 둘을 분리하려고 하더라도 말이다.[44]

이 책에서 다시 팔루스를 끌어들여온 나는 이 논쟁에 한 번 더 말려들게 되었다. 이 책의 소재를 발표할 때마다 청중들은 일반적으로 열띤 반응을 보이지만, 나는 늘 '팔루스'라는 용어의 남성중심주의에 관한 질문을 받는다. 그리고 그때마다 나는 질문자나 나 자신을 만족시킬 만한 대답을 발견할 수 없음을 깨닫는다. 팔루스가 남성중심주의적이지 않다고 분명히 증명할 수 있다면 좋겠다. 아니면 이 책에서 내가 말하고자 하는 것에 대해 좀 더 나은 젠더 중립적 용어를 발견할 수 있다면 좋겠다. 하지만 적어도 지금으로서는 팔루스에서, 그리고 그 성차별적 짐에서 벗어나지 못하고 있다.

팔루스는 심지어 내가 정신분석학에서 차용한 용어 중에서 최악이 아닐 수도 있다. 어쩌면 그러한 달갑지 않은 명예는 팔루스의 정반대 용어로 돌아갈지도 모르겠다. 정신분석학 이론에서 가장 성차별적 이해로 알려진 것은 여성이 '거세되었다'고 여겨지는 것이다. 이러한 공식화에서 여성은 팔루스를 지니고 있지 않을 뿐만 아니라 그 어떤 섹슈얼리티도 없는, 그저 결핍되어 텅 빈 존재다. 이처럼 불쾌하게 연결됨에도 나는 사실상 이 책에서 거세의 개념을 주기적으로 사용할 것이다.

후발성 장애와 노화는 둘 다 섹슈얼리티와 (어떤 젠더로 동일시되는지에 관계없이) 젠더에 대한 위협으로 경험된다. 머지않아 닥칠 상실, 젠더와 섹슈얼리티와 연루된 상실을 의식하는 것, 바로 그것을 거세 공포의 한 형태로 이해할 수 있을 것이다. 거세 부분이 내 주장의 핵심에 있기는 하지만, 계속해서 '거세'라는 용어에 대해 나는 불편함을 느낀다. 그렇기에 나는 노화 이론가 중 가장 좋아하는 두 사람의 글에서 그것을 발견하고는 진심으로 힘을 얻었다.

캐슬린 우드워드Kathleen Woodward는 인문학 분야에서 노년 연구를 개척했을 뿐만 아니라 몇십 년 동안 이 분야에서 두각을 나타낸 주요 인사다. 그녀는 정신분석학 이론에도 정통하다. 1991년에 출간된 책 『노화와 그 불만』Aging and Its Discontents에서 그녀는 노화를 정신분석학의 관점에서 보고 있다. 이를테면 우드워드는 이렇게 쓴다. "프로이트적 관점에서 노년은 거세되어 있다."[45] 설령 우드워드가 자신의 책이 섹슈얼리티에 초점을 두지 않는다고 하지만, 프로이트의 거세를 노년과 결부시키는 것은 섹슈얼리티와 노화를 함께 고려하려는 지금의 내 시도에서 매우 중요하다.[46]

우드워드가 정신분석학 관점을 노화에 적용해주어서 진심으로 고맙다. 예를 들면 우드워드는 다음과 같이 적는다. "라캉은 '거세 공포가 모든 발달 단계를 경유하는 한 가닥 끈과 같다'고 주장한다."[47] 우리가 '발달 단계'를 특히 정신분석학과의 관계에서 고려하면, 성인 단계로 향해가는 중간 단계를 생각하게 된다. 하지만 우드워드는 라캉이 **모든** 발달 **단계**에 현존하는 거세 공포를 언급한 부분을 인용한 후, '중년의 노화'에 대한 우리의 '공포'에 대해 상세히 설명해나간다. 예를 들면 "중년에 노약자 부모와의 동일시는 정확히 … 미래의 거세를 재현하는 것 아닌가[?] … 노약자 아버지의 몸은 바로 그 거세라는 사실을 체현한다."[48]

설령 여기서 부모와 동일시하는 인물이 아이가 아닌 중년의 사람일지라도, '부모와의 동일시"와 같은 개념에는 프로이트적 관점이 들어있음을 알 수 있다. "거세라는 사실"이란 어구는 (다른 정신분석 이론뿐만 아니라) 프로이트의 글에서 볼 수 있는 것이며, 거세라는 것은 사실이 아니라 추측인 이상 (나를 포함한) 페미니스트들은 이 어구를 강력히 비판해왔다. 프로이트가 여성을 언급할 때 "거세라는 사실"이라는 표현을 사용하는 한편, 우드워드는 (아버지 혹은 그와 같은) 노인을 언급할 때 프로이트의 어구를 배치한다. 늙은 아버지의 몸이 "바로 거세라는 그 사실을 체현한다"라는 우드워드의 생각은 페니스와 팔루스의 현저한 차이에 의존하고 또 그 차이를 강화한다. 그녀의 책은 실제로 늙은 남자의 알몸 사진에 관해서 토론하는 것으로 시작한다. 그 노인은 "… 다리를 넓게 벌린 채 … 앉아, … 복부는 알코올 중독으로 … 페니스만큼이나 늘어져 있다. 그의 몸 전체는 축 늘어져 있다."[49] 이 늙은 남자의 몸은 눈에 보이는 페니스로 완성되며 팔루스의 정반대를 재현한다. 즉, "바로 거세라는 그 사실을 체현한다."

우드워드가 노년을 거세에 비유해 공들여 설명하는 와중에 "쇠약한 노년"이라는 어구를 반복해서 쓰는 점에도 주목하고자 한다. 거세로서의 노화 이미지는 쇠약함이라는 이미지와 떼려야 뗄 수 없을 것이다. 따라서 거세에 대한 우드워드의 재현은 노화와 장애를 이론적으로 결합해보려는 이 책의 시도를 보강해줄 뿐 아니라 팔루스의 시간성인 거세에 초점을 두려는 우리의 작업도 암시한다.

우드워드의 책에 등장하는 "미래의 거세"라는 표현은 늙고 쇠약한 부모님을 불안한 마음으로 걱정하는 중년의 인물이 그의 (혹은 그녀의) 현재 팔루스를 미래 언젠가 놓치게 되는 시나리오를 접한다는 뜻이다. 그러나 이 표현에서 오직 '미래'만이 유일한 시간성의 표지는 아니다. 거세라는 정신분석 개념을 사용한, "거세라는 그 사실"이라는 표현은 나이 든 아버지한테 과거 언젠가는 팔루스가 있었으나 후에 그 팔루스를 잃어버렸음을 나타낸다. 정신분석에서 사용되는 것처럼, 거세는 **마치 과거에는 팔루스가 있었으나 지금은 있지 않은 누군가**를 표현한다는 점에서 본래적으로 시간적인 개념이다.

시간적 개념으로서 거세의 의미가 이 책의 중심에 놓여 있다. 거세 자체의 시간성은 젠더 차이를 나타내기에는 의심스러운 점이 있지만, 나이에 관해 말하는 방식으로는 딱 적당한 개념이 될 수 있다. 우드워드가 쇠약한 노년에 대한 중년의 숙고를 통해 대략 알려주는 것은 이 책에서 내가 '팔루스의 고전적 시간성'—여기서는 젠더가 아닌 나이를 기반으로 거론된다—이라고 부른 것과 같은 것이다. 팔루스의 고전적 시간성에서 '거세된' 사람(프로이트에게는 여자이고, 우드워드에게는 나약한 노인)이란, 과거에는 팔루스가 있었으나 지금은 '미래의 거세'를 두려워하는 자(프로이트에게는 남자이고, 우드워드에게는 중년인)다.

우드워드는 일반적으로 노화와 노년을 주제로 다루면서도 중년의 거세 불안을 상세히 설명한다. 그 과정에서 우드워드는 중년에 관한 권위 있는 이론가 마거릿 모건로스 걸레트를 언급한다.[50] 걸레트가 정신분석 이론의 사용에 대해 우드워드보다 훨씬 더 모호한 입장을 취하면서도, 거세 개념은 그녀 저작 전체에서 산발적으로 나타난다. 우드워드가 참고한 책 『비로소 중년에 안착하다』Safe at Last in the Middle Years에서 거세는 존 업다이크John Updike의 소설 속 등장인물을 통해 그려진다. 1988년에 출판된 『비로소 중년에 안착하다』는 노화에 관한 걸레트의 첫 번째 저서이며, 이후 저작들보다 훨씬 문학비평에 가깝다. 걸레트는 중년을 다룬 소설에 제시된 치아 문제를 언급하는 것으로 그 책의 첫 장을 시작한다. 걸레트는 "이가 빠지는 것은 … 거세의 고전적인 상징이야"라고 말하는 업다이크의 『커플』Couples의 등장인물인 치과의사를 끌어들인다. 그리고 걸레트는 다음과 같이 논평한다. "기력이 떨어져 거세를 염려하는 치과의사가 인생의 쇠퇴 이론을 언급한다."[51]

걸레트의 관점과 업다이크의 소설에 나오는 치과의사의 관점을 혼동하고 싶지 않지만, 그 의사에 관한 걸레트의 논평에서 거세와 쇠퇴 이론을 연결하는 점은 주목할 만하다. 그것은 바로 노화의 이론화에 대해 걸레트의 중심적인 기여가 될 첫 번째 책의 첫 번째 장, 첫 번째 언급이다. 그녀의 다음 책은 『쇠퇴의 거부』라는 제목의 책이며, 이후 그녀의 작업은 이른바 쇠퇴 이론으로 불리는 것을 규명하고 그것에 저항하는 데 초점을 두고 있다. 내 기획이 걸레트의 쇠퇴 이론을 정신분석의 거세 개념과 연결 짓는 것이기 때문에, 그녀가 쇠퇴 이론을 만들어가는 초기에 주제를 벗어나더라도 일화 면에서 둘을 연결 짓고 있는 점은 내게 반가운 일이다.

프로이트의 거세 콤플렉스에 대한 걸레트의 후반부 언급은 분명 간단히 넘어가기는 하지만 허구 속 인물의 시각보다는 그녀의 이론 작업과 훨씬 더 연결된다. 예를 들면 1998년에 출판된 논문에서 20세기 초 젊은 남자와 노년 남자에 대한 상대적 평가의 변화를 논의하는 중에 걸레트는 다음과 같이 밝힌다. "프로이트가 이름 붙였으나 해설을 제대로 하지 못한 '페니스 선망'penis envy이 노년 남자에게 문제가 되었다."[52] 프로이트의 도식에서 페니스 선망은 거세된 사람들이 거세되지 않은 사람에게 갖는 감정이다. 우드워드는 좀 더 젊은 사람이 좀 더 나이 든 사람을 생각하면서 느끼는 거세 공포에 초점을 두는 한편, 걸레트는 그 시선을 역전시켜 페니스 선망을 좀 더 나이 든 사람이 느끼는 것으로 바꾼다.

페미니스트 관점에서 페니스 선망은 프로이트의 거세 콤플렉스 설명 중 가장 불쾌한 부분일지도 모른다. 거세 불안보다도 훨씬 더 불쾌한 표현이라 할 수 있다. 프로이트가 "페니스"라는 표현을 사용하기 때문에 거세 콤플렉스의 이러한 측면을 방어하기가 훨씬 더 어렵게 되며, 팔루스와 페니스를 분리하는 보통의 전략에도 적합하지 않게 된다. 그 용어를 페미니스트들이 좋아하지 않는다는 것을 너무나 잘 알고 있는 걸레트는 페니스 선망이 여성을 이해하는 방식으로서 오해받을 수 있지만, 젊은이에 대한 노인의 관계를 이해하는 방식으로는 유용할 수 있다고 제안한다.

2011년에 나온 책 『나이의 관점에서』에서 걸레트는 완경에 관한 논의 도중 프로이트의 거세 콤플렉스를 끌어들인다. "여성의 완경을 호르몬 결핍으로 보는 이론을 받아들이는 사람들에게 그것은 인생 후반부에 해당한다는 점을 제외하면 프로이트의 예전 여성 거세 개념이 수행했던 것과 비슷하다. 일반적으로 완경 때문에 여성은 어느 순간 갑자기 손상되고 탈성화된 몸으로 재현된다."[53] 걸레트는 여기서 거리를 취하기는 하지만 다시 프로이트의 개념을 인용한다. 그녀에게는 우리 페미니스트 대부분에게서처럼 여성 거세라는 것이 너무나 구식 개념이다("프로이트의 **예전** 여성 거세 개념과 … 비슷하다"). 하지만 이 불쾌한 개념과 거리 두기를 하면서도 한편으로 그녀는 노인 차별을 비판하는 문맥에서 그 개념의 유용성을 짚어낸다.

걸레트가 여기서 사용하듯이, '거세'는 남성 성기의 상실이 아니라, "어느 순간 갑자기 손상되고 탈성화된 몸"을 의미한다. 그와 똑같은 의미로 이 책에서도 사용될 것이다. 나는 걸레트의 거세에 대한 정의를 두 가지 점에서 주목하고 싶다. 걸레트는 '탈성화된' 몸을 '손상된 몸'에 연결한다. 이는 내가 크립 이론을 배치하는 데 핵심으로 두고 있는 장애와 섹슈얼리티의 교차에 긍정적인 신호를 보낸다. 그리고 "어느 순간 갑자기"라는 걸레트의 표현은 거세 개념에서의 시간적 차원을 지적한다. 거세 드라마에서 손상과 탈성화desexualization는 시간이 흐르면서 발생하는 과정으로서가 아니라, 한순간에 모든 것을 변화시키는 외상적 사건으로 발생한다.

걸레트는 특히 여성에게 거세라는 단어를 적용하는 듯이 보이지만, 그 용어 사용이 우드워드의 거세 이미지에 상응한다. 우드워드는 분명 남성(늙은 아버지의 몸)의 예를 들지만 '부모'와 '아이'라는 젠더 중립적인 용어를 쓰기도 한다. 걸레트는 완경을 예로 들지만, "인생 후반부"의 거세라는 표현은 남자에게도 적용된다고 지적한다.[54] 이렇듯이 두 저자에게 거세는 젠더와 연결되기도 하지만 젠더와 상관없이 적용되는 듯하다. 젠더에 대한 이러한 모순적 관계는 진정으로 정신분석의 거세 개념에 내재한 문제처럼 보인다.

우드워드와 걸레트의 용례에서 거세는 중년을 위협한다. 종합해 보면, 이 진취적이고 영향력 있는 두 노화 이론가의 용어 사용은 거세가 노인 차별 및 노화와 연관된 불안에 투사되는 것들을 이해하는 데 적절한 개념이 될 수 있다는 나의 믿음을 강력하게 해준다. 다음과 같이 분명히 정리할 수 있다. 우드워드도 걸레트도 노인들이 거세되었다고 말하지는 않는다. 나 역시 그렇게 말하지 않는다. 그러나 프로이트가 제시한 대로(설사 오해가 있다고 할지라도), 노화를 파악하는 데 거세가 작동하고 있다는 점에 우리 셋 모두 주목하고 있다. 거세 불안의 특수한 시간성—그것을 언젠가 잃게 될 것이라는 미래의 시나리오—을 중년의 노화 중(그리고 인생 후반에 맞을 장애와의 관계에서도 마찬가지로)에도 반복적으로 발견하게 될 것임을 전망할 수 있다.

이 책에서 나는 거세 불안을 '팔루스의 시간성'으로 본다. 이 불안의 시나리오에서 팔루스는 피할 수 없이 시간적 개념이 된다. 설령 그것이 있다손 치더라도, 그것은 미래에 갑자기 사라질 무언가다. 만일 그것이 부재한다면, 한때는 있었으나 과거 어느 순간에 외상적으로 제거된 무언가다. 이것이 팔루스와 거세에 관한 모든 정신분석적 설명에서 볼 수 있는 팔루스의 고전적 시간성이다. 나는 바로 이 시간성을 규범적인 것으로 간주한다.

나는 팔루스의 규범적 시간성의 특징을 요약하는 것에 더해 팔루스의 대안적 시간성을 추적하고자 한다. 거기에는 거세에서 팔루스로, 팔루스에서 거세로 이동할 수도 있고, 잃어버린 팔루스가 놀랍게 복원되기도 하고, 팔루스가 과거에서만이 아니라 미래의 약속으로 나타나기도 한다. 이러한 대안들은 퀴어 시간성의 약속에 공감하고, 좀 덜 불안한 거세와 좀 더 퀴어한 팔루스로 이끌어줄 수도 있다.

## 퀴어 팔루스

퀴어 팔루스는 지난 20여 년 동안 퀴어 담론 주변에 퍼져 있는 다소 흐릿하고 어쩌면 모호하기도 한 개념이다. 내가 알기로는 한 번도 분명히 설명되거나 인정된 적이 없지만 계속해서 살아남은 개념이다. 이 퀴어 팔루스는 그 의미가 무엇이든, 존재하든 존재하지 않든, 이 책에서 이론적 개념으로든 아니면 어쩌면 책의 모호한 욕망의 대상으로서든 담당하는 역할이 있다. 라캉이 표현하기를, 팔루스는 "베일에 가려져 있을 때만 그 역할을 할 수 있다."[55] 이 표현은 적어도 '퀴어 팔루스'에게는 맞는 것 같다.

아마도 퀴어 팔루스가 가장 많이 등장하는 책은 잰 캠벨Jan Campbell이 2000년에 출판한 책일 것이다. 이 책의 한 챕터는 「팔루스를 퀴어화하기」Queering the Phallus라는 제목으로 되어 있다. 이 제목이 내게 전달하는 점은 내가 여기서 하고자 하는 일이 퀴어 팔루스를 그대로 두는 것이 아니라 팔루스를 퀴어화하는 것, 팔루스와 그 시간성을 탈자연화하고 탈규범화하는 일이라는 점이다. 캠벨에 따르면, "퀴어 이론은 팔루스에 관한 프로이트의 이론을 가져다가 여성의 욕망 혹은 레즈비언의 욕망을 좀 더 긍정적으로 이해할 수 있도록 팔루스를 재발명한다."[56]

캠벨의 표현은 퀴어 이론에서 팔루스가 일반적으로 어떻게 사용되는지 알려주기도 하지만, 사실 그녀는 팔루스를 퀴어화하는 두 이론가의 예를 제시해주고 있다. 한쪽은 1994년에 쓴 테레사 드 로레티스Teresa de Lauretis이고, 또 한쪽은 1993년에 쓴 주디스 버틀러Judith Butler다.[57] 모두가 인정하다시피, 이 두 이론가는 퀴어 이론에서(특히 1990년대에 등장한) 매우 유명한 인물들이다. 버틀러의 글은 1990년대 초반에 퀴어 이론을 처음 형성하게 한 것으로 널리 알려져 있고, 드 로레티스는 '퀴어 이론'이라는 표현을 처음으로 사용한 인물로 알려져 있다.[58]

버틀러와 드 로레티스가 사실 '퀴어' 팔루스에 관해서 말하지는 않았다. 두 이론가의 관심은 '레즈비언' 팔루스였다. 정신분석 이론에 정통했던 드 로레티스와 버틀러는 1990년대 초반에 레즈비언의 욕망과 성적 실천에서 팔루스와 같은 것에 긍정적인 입장을 취했다.[59] 그들은 팔루스와 페니스에 대한 정신분석의 구분을 기반으로 해서 페니스가 없는 섹슈얼리티에서 작동하는 팔루스를 지적하고 있다.

버틀러는 정면으로 들고 나와 '레즈비언 팔루스'를 자신의 논문 제목에 넣는다. 반면에 드 로레티스는 버틀러와 비슷한 입장이면서도 '팔루스'란 단어를 수용하지 않는다. 드 로레티스는 "거세 개념과 팔루스의 **어떤**some 의미—욕망의 기표라는 의미—가 주체성의 과정과 형식을 이해하는 데 꼭 필요하다"라고 주장한다. 드 로레티스는 "팔루스의 **어떤** 의미"라는 구절에서 '어떤'이라는 단어를 강조함으로써 자신이 사용할 팔루스의 어떤 개념에 대해 의문을 제기한다 그래서 그녀는 다음과 같이 언급한다. "주디스 버틀러는 '레즈비언 팔루스'를 … 제안한다." 그러나 "나는 도착적 욕망의 기표를 **페티시**fetish라고 부르기를 선호한다."[60]

버틀러와는 반대로, 드 로레티스는 팔루스의 **어떤** 개념이 필요하다는 점을 인정하면서도 '페티시'라는 용어를 선호하는데, 그 목적은 "최근 **페티시**라는 용어 역시 부정적인(환원하는) 함의를 촉발하고 있음을 인식하고 있지만, 그럼에도 팔루스와 페니스의 불가피한 의미론적 공모를 피하기 위해서다." 드 로레티스에게 팔루스는 '욕망의 기표'이지만, 그녀가 '도착적 욕망의 기표'—이른바 퀴어 팔루스—를 의미하고자 할 때는 페니스와 분리해서 생각할 수 없기에

'팔루스'라는 용어를 사용하지 않고 싶어 한다. 대신에 그녀는 또 다른 정신분석 용어로서 '페티시'의 단점을 알면서도 그대로 그것을 사용한다. 나는 페니스와의 "불가피한 의미론적 공모를 피할" 수 있는 팔루스적 기표에 대한 드 로레티스의 바람을 공유하면서도, 그녀처럼 '페티시'가 문제를 해결할 수 있다고는 생각하지 않는다. 특히 2000년에 와서 캠벨이 드 로레티스의 레즈비언 페티시를 (퀴어) 팔루스의 일반적 범주에 통합시킬 때 그 문제가 내겐 더욱더 해결 불가능한 문제로 다가왔다.

만일 우리가 '팔루스'라는 용어를 사용하지 않으려는 드 로레티스의 의견을 존중한다면, 팔루스를 퀴어화하는 유일한 사례로서는 주디스 버틀러의 글인 「레즈비언 팔루스와 형태론적 상상계」The Lesbian Phallus and the Morphological Imaginary만 남는다. 하나의 논문이 퀴어 이론 전체 흐름을 대표한다고 생각하는 것이 이상하긴 하지만 버틀러의 논문은 캠벨의 언급이나 퀴어 담론 전반에서 매우 흥미로운 개요를 담고 있다.

캠벨에 의하면, 버틀러는 "정신분석의 팔루스 중심적 담론을 벗어나며, 그것을 다르게 수행한다."[61] 버틀러는 수행과 수행성의 개념을 정신분석 이론에 적용하는 것으로 유명하지만, 캠벨은 버틀러의 수행 이론에 대해서가 아니라 이론의 수행, 혹은 그녀가 팔루스 중심적 정신분석을 어떻게 수행하고 있는가에 관해 설명하고 있다. 바로 버틀러의 수행에 대한 진술의 관점에서 나는 캠벨의 챕터가 「버틀러의 팔루스 수행」Butler's Performing Phallus이라는 제목의 섹션을 배치하고, 이 섹션을 "주디스 버틀러의 유명한 레즈비언 팔루스"라는 표현으로 시작하고 있음에 주목한다. 유명세라는 개념은 여기서 수행의 개념과 그 맥을 같이한다.

캠벨은 버틀러의 논문에 대해 의문을 제기하고 다음과 같은 질문을 던지는 것으로 결론짓는다. "버틀러의 유동적인 레즈비언 팔루스 개념은 여전히 문제가 있다. 팔루스가 그토록 유동적인 기호이기 때문에 레즈비언 신체의 일부를 상징할 수 있다고 한다면, 왜 그것이 팔루스여야 하는가?"[62] 버틀러의 논문에 대한 캠벨의 주장은 결국 남성중심적 용어인 '팔루스' 사용에 대해 오랜 기간 반대해왔던 흐름으로 회귀하지만, 이런 불가피한 논리적 반대는 버틀러의 수행, 그녀의 '팔루스 수행'에 대한 장난끼 있는 그러면서도 존경의 의미가 담긴 반응과 공존한다. 캠벨의 설명에서만이 아니라 좀 더 일반적으로 볼 때, 버틀러의 논문에 대한 반응들은 사실 팔루스에 대한 설득력 있는 논리적 반대와 '유명한 레즈비언 팔루스'famous lesbian phallus의 수행에 대한 열광을 결합한다고 볼 수 있을 것이다. 20년 동안의 반응에 기초해서 볼 때, 버틀러의 레즈비언 팔루스는 틀리기도 하고 가슴 설레게도 하는 것 같다.

캠벨이 「팔루스를 퀴어화하기」를 내고 십여 년이 지난 후, 릴리 쉐이Lili Hsieh는 "퀴어 페미니스트들이 … 팔루스를 퀴어화하는 일을 따져보자고" 제안한다.[63] 쉐이의 논문은 "때가 되지 않았는가? '팔루스의 제국'을 … 역사의 쓰레기통으로 던져버릴 때가"[64]라는 질문으로 시작된다. 이와 같은 수사학적 질문은 쉐이가 소위 '팔루스를 퀴어화하기'라고 하는 것이 2012년에도 여전히 전성기에 있는 이론의 방향이며 비판이 필요함을 시사한다.[65] '팔루스를 퀴어화하기'의 예로서 버틀러의 논문이 제시된다.

쉐이는 버틀러의 '팔루스' 사용에 대한 해박하고 주의 깊은 비평을 내놓으면서 "'레즈비언 팔루스'라는 저명한 개념"이라고 표현한다.[66] 여기서 "저명한"celebrated이라는 표현은 캠벨의 "유명한"famous이란 표현을 환기해줄 뿐만 아니라 20년 동안 버틀러의 개념이 열광적으로 수용되고 있음을 보여주기도 한다. 이러한 수용의 예를 들기 위해 쉐이는 타비아 녕오Tavia Nyong'o가 쓴 2010년의 한 블로그를 인용한다. 이 블로그에 다음과 같은 포스트가 올라와 있다. "레이디 가가Lady Gaga가 레즈비언 팔루스를 보여주고 있고 … 주디스 버틀러는 '영화와 비디오를 매개로 전국의 감수성 예민한 젊은이들을 배후 조종하고' 있다."[67] ("영화와 비디오" 그리고 "예민한 젊은이들"이라는 언급은 말할 것도 없고) 레이디 가가를 직접 언급하는 것은 그로부터 12년 전에 캠벨이 레즈비언 팔루스와 유명세/수행을 연결한 것의 완벽한 사례가 된다.

버틀러의 논문 「레즈비언 팔루스와 형태론적 상상계」에는 그것이 프로이트와 라캉의 이론에 대한 꼼꼼한 읽기 작업임에도 대담하고 노골적인 수행으로 작동하는 무언가가 있다. 이 논문은 사실 버틀러의 유희가 담겨 있는 듯이 보인다. 또한 그것은 어딘지 모르게 유혹적이기도 하다. 왜냐하면 레즈비언 팔루스라는 개념은 독자들에게, 어쩌면 더 정확히는 내게 너무도 멋있어 보이고 흥분을 안기기

때문이다.[68]

버틀러의 「레즈비언 팔루스와 형태론적 상상계」는 다음과 같이 시작된다. "그토록 전도유망한 제목을 쓰고 나서, 나는 만족할 만한 글을 내줄 수 없음을 알았다." 이러한 서두는 독자들이 레즈비언 팔루스에 대해 듣기를 원하는 것, 즉 우리는 몹시도 그녀가 약속한 것을 얻고 싶어 한다는 점, "레즈비언 팔루스"라는 표현이 욕망을 자극할 것이라는 점을 가정한다. 첫 번째 문단은 '팔루스의 약속'에 대해서만이 아니라 그것의 '매력'에 대해서도 말한다. "어쩌면 그 매력에 대한 일종의 경각심이 좋은 것이리라."[69] 버틀러에 따르면 팔루스는 매력적이며, 그러니 조심하라는 것이다.

버틀러는 팔루스가 페니스가 아니라는 라캉의 주장을 토대로 팔루스를 이론화하기에 전념한다. 그녀는 팔루스가 전치 가능한 것이며, "팔루스는 다양한 기관"이나 더 나아가 "신체와 비슷한 다른 것"에 옮아갈 수 있는 것이라고 주장한다. 버틀러는 다음과 같이 쓰고 있다. "팔루스의 전치 가능성은 레즈비언 팔루스의 길을 열어준다."[70] 버틀러는 라캉의 팔루스가 전치 가능하고, 이동 가능하며, 유동적임을 상세히 제시해주기는 하지만, 정신분석 이론을 이용한 그녀의 꼼꼼한 텍스트 분석은 그저 레즈비언 팔루스를 위한 '길을 열어줄' 뿐 진정 그곳으로 우리를 데려가주지는 못한다. 그녀가 주장하기를, "레즈비언 팔루스는 라캉적 기획의 돌발적인 결과물로서 도중에 개입한 것일 수 있다."[71] **도중에 개입한, 돌발적인 것**. 즉 레즈비언 팔루스는 라캉적 기획의 우연한 침범이자 팔루스에 대한 정신분석 이론 작업의 훼방꾼이다.

레즈비언 팔루스로의 이동은 그것이 설령 라캉 이론의 독해를 통해 신중하게 준비된 것이더라도 궁극적으로는 레즈비언의 성적 실천을 향한 몸짓에 따라 발생한다. 예를 들면 "팔루스가 있다는 것은 팔, 혀, (두) 손, 무릎, 허벅지, 골반뼈, 의도적으로 도구화된 신체-유사물로 나타낼 수 있다."[72] 이와 같은 목록은 페니스가 없는 누군가가 여성을 '만족시킬 수' 있는, 여성에게 성적 쾌락을 줄 수 있는 방법들을 암시해준다."[73] "(두) 손"에서 괄호 안의 "두"는 장난스러운, 알고 있다는 표시다. 버틀러의 레즈비언 팔루스는 전혀 기대하지 않았던 곳에 끼어들 뿐만 아니라, 여자를 즐겁게 해주는, 레즈비언의 유혹으로 작동하는 방식을 잘 알고 있음을 과시한다.

그러나 그 논문은 조금은 진지한 어조로 레즈비언 팔루스를 오류라고 끈질기게 주장한다. 일례로, 버틀러는 "팔루스는 … 레즈비언 섹슈얼리티에 대한 페미니스트의 정설에서 추방된다."[74] 이어서 논문은 다음과 같은 점을 밝힌다. 즉 여성 혐오와 페미니즘, 이성애 중심주의와 레즈비언 담론은 레즈비언 팔루스를 이중적으로 금지한다. 이 모든 금지에서 레즈비언 팔루스는 '수치의 근원'이 되지 않을 수 없다.[75] 지금 다시 읽어보니 버틀러가 팔루스를 쓰면서 느낀 수치심의 묘사는 지금 이 책의 제목에 있는 팔루스에 대해 나 스스로 느낀 당혹감을 생각나게 한다.

버틀러는 레즈비언 팔루스를 내세우면서 그것이 여러 가지 면에서 오류일 수밖에 없음을 분명히 밝힌다. 그럼에도 그것은 여전히 대담하고 전율을 일으키는, 쾌락의 약속이자 대안적인 성 이론화의 약속이고, "반反이성애 중심주의 성적 상상의 생산"으로 남아 있다.[76] 버틀러의 레즈비언 팔루스를 특별히 '퀴어'하게 만드는 것은 바로 오류임을 끈질기게 주장하면서 동시에 여전히 약속을 내건다는 점이다. 이것은 오류이지만 매혹적이며, 섹시하고, 틀린, 일종의 퀴어 팔루스다. 그리고 그것은 지금 내 글에서 팔루스를 이용할 때 의미하고자 하는 바다.

버틀러의 팔루스는 오류이며, 퀴어하다. 그 이유는 레즈비언의 것이기 때문이며, 페니스가 없는 자에게 있기 때문이다. 이처럼 레즈비언 팔루스의 부적절성은 정신분석학이 '팔루스'라는 용어를 남자뿐만 아니라 여자의 섹슈얼리티에도 적용하는 법에 대해 거의 백 년 가까이 비판했던 것에 따른 것이다. 하지만 나는 여기서 좀 더 넓은 의미의 퀴어성, 좀 더 일반적으로 부적절한 팔루스를 향해 나가고 싶다.

2012년 논문에서 쉐이는 다음과 같이 주장한다. "라캉은 팔루스라는 불행한 기표를 선택한다. … 팔루스는 인간의 섹슈얼리티에 잠복해 있는 좀 더 큰 무언가에 대한 잘못된 호칭이다."[77] 쉐이에게는 버틀러의 레즈비언 팔루스만이 아니라 라캉의 팔루스도 오류다. "불행한 기표"와 "잘못된 호칭"이라는 표현은 라캉의 '팔루스' 선택이 틀렸다는 것이다. 라캉의 팔루스는 여자에게만 틀린 것이 아니다. 모두에게 틀린 것이다.

그러나 '페티시'로 대체하기를 제안했던 드 로레티스와 달리, 쉐이는 팔루스를 대체할 '행운의 기표'를 제시하지는 않는다. 그녀는 '잘못된 호칭'에 대한 올바른 이름을 제시하지 않고, 대신에 "인간의 섹슈얼리티에 잠복한 좀 더 큰 무언가"라는 표현을 제안한다. 나는 이런 암시적인 표현이 좋다. 팔루스와 '뭔가 더 큰 것' 사이를 연결하는 듯하다. '잠복해 있다'라는 서술어는 팔루스의 작동에 대해 베일에 가린 특징뿐만 아니라 그늘진, 부적절한, 위협적인 측면을 암시한다. 그리고 그 표현은 설령 그것이 섹슈얼리티에 연관된 것이며, 좀 더 큰 무엇임을 알고 있다고 해도, 우리가 그것의 정체를 정확히 규정할 수 없고 정확히 무엇인지 알 수 없음을 의미한다.

'팔루스'가 불행한 기표라는 쉐이의 의견에 완전히 동의하더라도, 나는 여기서 그 잘못된 호칭을 넘어설 수도 없고 그 단어 없이 무언가를 할 수도 없다. 이 책에서 팔루스는 우리가 (아직) 그 정확한 이름을 모르는 무언가에 대한 잘못된 호칭이다. 이 책에서 팔루스는 이처럼 퀴어하다.

## 일화 이론

서론을 마치기 전에 이 책이 방법론으로 취한 특수한 측면에 관한 몇 가지 언급을 정리하고자 한다. 서론 이후 두 개의 챕터가 이어질 것이다. 둘 다 짧은 개인적 서사로 시작되는데, 이 책을 위해서 특별히 쓴 것이다. 1부는 내 나이 50에 접어들면서 발에 생긴 문제와 그에 따라 일어난 보행 문제를 이야기하는 것으로 시작한다. 2부는 나의 파트너가 전립선암 진단을 받은 후 2년 동안의 성적 활동과 태도에 대한 짧은 이야기를 담고 있다. 이런 개인적 글쓰기는 여기서 비판적, 이론적 연구를 확대하는 촉매이자 초점의 기능을 하며, 관련된 쟁점과 텍스트를 깊이 있게 파고들 수 있도록 한다. 이론화 작업을 위해 개인적 서사에서 출발하는 이러한 과정은 내가 이전에 '일화 이론'이라고 소개한 것이기도 하다.

2002년도에 나온 그 책에서 설명되듯이, 1990년대에 "나는 한 가지 일화를 서술하고 그 일화로 인해 가능해지는 이론적 통찰을 설명하는 '읽기'를 시도하는 글쓰기를 실험했다."[78] 나는 이 실험적인 글들을 한 권으로 묶으면서 이 특별한 실천이자 이론화 방법을 『일화 이론』Anecdotal Theory이라는 책 제목으로 지시하고자 했다. 그 책이 페다고지, 페미니즘, 아카데미에 역점을 두었다면, 지금 이 책은 분명 다른 이론적 관심을 갖고 있음에도 같은 방법론을 쓰고 있다.

개인적 글쓰기를 이론 연구와 통합한다는 내 생각은 먼저 페미니스트 연구에서 출발했다. 여성학 운동이 시작된 이래로 페미니스트 학계는 지식의 전문화가 지식과 세계의 연결을 거부하는 점을 비판해왔다. 페미니스트 인식론은 지식을 생산하는 구체적 조건을 드러내는 가치를 강조해왔다. 그런데 학계 페미니즘의 일부 선구자들은 학문적인 것에 개인사를 포함하는 것에 대해서 전통적으로 지식이라고 인정받지 못할 사상, 대응, 통찰을 고려하는 방식이라고 생각했다.

1980년대와 1990년대 내내 더 많은 페미니스트 학자들이 '이론 작업'을 했고, 포스트구조주의 이론을 페미니스트 작업에 통합시켰다. 이에 대해 어떤 이들은 사적이면서 동시에 학문적인 글쓰기는 끝났다고 생각했지만, 그 당시에 사적인 글쓰기를 이론에 끌어들인 사람은 나만이 아니었다. 신시아 프랭클린Cynthia Franklin은 1990년대 학계의 페미니스트 회고록 연구에서 "개인의 경험과 이론을 통합하려는" 움직임이 있었음에 주목한다.[79] 1990년대 학술적 회고록들, 특히 이론에서 동떨어진 사적인 글쓰기에 대해 종종 비판적 태도를 보였던 프랭클린은 회고록과 이론을 결합한 글쓰기를 환영했으며, "개인의 서사와 이론을 변증법적 관계로 끌어내는 데 성공하는" 책들을 높이 평가했다.[80] 프랭클린은 회고록이 이론에 덧붙일 수 있는 무언가 때문에 회고록에 가치를 둔다. "사적인 글쓰기는 가장 미묘한 이론적 정식화 작업조차 비켜나는 복잡성과 모순을 표현할 수 있다."[81]

내가 '사적인 경험과 이론을 결합'하는 쪽으로 전환할 때 페미니스트 사상의 영향이 결정적이었다면, 1990년대에 나의 그러한 글쓰기에 중요한 이론적 영향을 미친 요소가 하나 더 있다. 그 실험은 바로 정신분석학에서 시작된다. 2002년에 낸 책에서 나는 "정신분석학이 일종의 일화 이론임"을 선언하고 다음과 같이 덧붙였다. "정신분석학은 개인 병력에 이론의 기초를 두고, 이야기의 언캐니한

uncanny*[81] 세부 내용들을 대상으로 이론 자체를 실험하기를 요구한다."[82] 어쩌면 이것이 내가 일화 이론이라고 소개했던 것 중 가장 소중히 여기는 부분일 수도 있다. 즉 개인 병력에서 출발하는 이론화는 살아 있는 경험의 세부 사항들을 존중하고 그에 답변하는 것이어야 한다.

그렇다고 해서 일화 이론의 정신분석학적 배경이 이론과 개인 병력 사이의 관계에만 있는 것이 아니라 성에 대한 것도 있다. 1990년에 낸 논문과 현재의 이 책은 주제의 차이가 있음에도 섹슈얼리티에 역점을 두는 점에서는 비슷하다. 『일화 이론』이 교육에 관심을 두었던 반면, 이 책은 장애와 노화에 관심을 둔다. 하지만 이들 두 가지 글쓰기 프로젝트는 모두 특정 주제들이 성에 대해 어떠한 관계를 맺는지를 탐구한다. 양쪽 모두 회고록의 요소로 인해 사적일 뿐만 아니라 성적으로 세부적이다.

2002년에 낸 책이 일화 이론의 목표 일부를 잘 표현하고 있다. 일례로, "나는 규범을 통해 일반적인 이해에 도달하려고 하지 않고 주변화된 사례 … 를 통해 이론화하려 한다. 나는 규범에 맞서는 방식으로 … 이론화를 시도하고 있다. … 이론은 대개 우리가 일반적인 이해에 도달할 필요가 있다고 가정하며, 그래서 우리가 규범, 혹은 지배적인 주류의 사례나 모델을 지향하게 되어 있다고 가정한다.

* '신비스러운', '불가사의한', '으스스한', '기괴한' 등의 번역어로 옮길 수 있지만, 여기서는 '언캐니한'이라고 음역하고자 한다. '언캐니'는 프로이트의 대표 글의 제목으로서 '낯설면서도 친숙한/친숙하면서도 낯선'이라는 독특한 의미를 강조하고자 쓴 용어다.—옮긴이

'단순히 일화적'이라고 무언가를 무시하면 결국은 주변적인 사례 … 라며 무시하는 셈이 된다."[83]

정신분석학은 이런 종류의 일화 이론이 될 수도 있다.[84] 정신분석학적 사고는 규범에 대한 저항에 참여할 수 있다. 프로이트는 재생산 규범보다는 도착에 기초한 섹슈얼리티를 이론화했다. 프로이트가 보여준 섹슈얼리티 이해는 생물학적 재생산 능력을 지닌 행위와 사람에게만 섹슈얼리티를 제한하는 모델, 즉 생식을 목적으로 한다고 규정된 지배적인 섹슈얼리티 모델에 도전했다.[85] 프로이트는 논의의 중심에 (생식 능력을 지니지 않는 방식으로) 도착적이라고 설명되는 실천을 포함하기 위해 섹슈얼리티를 정의할 뿐만 아니라, 섹슈얼리티를 사춘기 이전 유아기 행위로 확장하고 근본적으로 생식을 섹슈얼리티에 대한 이해의 중심 위치에서 뿌리 뽑는다는 점에서 유명하다. 내가 일화 이론을 위해 포용하는 부분은 바로 이러한 정신분석학의 반反규범적인 유산이다.

『일화 이론』을 출간할 즈음 내게 두 가지 일이 발생했고, 그 일들 때문에 결과적으로 이 책이 나오게 됐다. 하나는 내 연구를 퀴어 이론 분야에서 이해하기 시작한 일이며, 또 하나는 서 있거나 걷는 것도 힘들게 만든 발 통증의 시작이다. 이 두 가지 변화는 내 인생에서 처음에는 문자 그대로 아무런 관련이 없는 듯이 보였다.

2000년대 초반에 나는 퀴어 이론 분야를 미친 듯이 읽었다. 바로 그 무렵 하나의 분야로서 퀴어 이론은 장애 연구와 접합을 이루어내기 시작했다. 퀴어 이론을 읽던 나는 어떤 급진적인 크립 이론에 이르렀으며, 가끔은 퀴어 이론가로서뿐만 아니라 한 명의 장애인으로서 내 읽기에 연결하곤 했다. 크립 이론을 읽는 이런 짧은 순간들이 십여 년 동안 산발적으로 있었으며 내 글쓰기는 좀 더 사적인 주제를 추구했다. 일화 이론 대신 나는 가끔 퀴어와 장애의 교차 부문에서 읽기를 수행했으며 크립의 '입장'에서 이론화하려는 덧없는 환상을 갖곤 했다.

크립 이론을 읽으면서 나는 일화 이론을 재발견하게 되었다. 퀴어 이론과 장애가 교차하는 지점에 대한 학자들의 출판물은 정기적으로 이론적 작업에 사적인 서사를 집어넣고 있었다.[86] 그리고 그러한 사적인 서사들을 읽으면서 나는 가끔 나 역시 그와 같은 것을 쓰는 상상을 하곤 했다. 2011년 여름, 수치와 섹슈얼리티에 대한 이론적 관심에서 『게이 수치심』Gay Shame이라는 책을 읽게 되었다. 그 책의 한 섹션은 온전히 장애 수치심에 관해 집중하고 있었고, 거기에 애비 윌커슨Abby Wilkerson의 「미끄러짐」Slipping[87]이라는 사적인 글이 실려 있다. 나는 윌커슨의 글을 읽으면서 나의 휠체어 이야기 쓰기를 상상하지 않을 수 없었다. 이 책은 바로 그 강렬한 충동에서 시작하게 된다.

윌커슨의 「미끄러짐」을 읽는 순간부터 내 머릿속은 온통 발 이야기를 강박적으로 지어내는 데 몰두하고 있었다. 2년 후에 비로소 나는 발 통증 이야기를 완성했고 그것이 섹슈얼리티와 젠더에 어떠한 영향을 미치는지를 썼다. 설령 내가 이 이야기를 써야겠다는 충동이 생겼다고 해도 나의 궁극적인 목표는 회고록을 쓰는 데 있지 않고, 그 경험을 장애와 성의 관계를 통해 생각해야 할 출발점으로 삼으려는 데 있었다.

이 서문에서 이미 설명했듯이, 나는 나중에야 이론적 의제에 노화를 추가했다. 비판적 노화 연구를 따라잡으려고 일찍이 걸레트의 『쇠퇴의 거부』를 읽던 중 그 책에서도 일화 이론을 발견했다. 걸레트는 쇠퇴를 이론화하기 위해 중년 무렵 심각한 요통으로 힘들었던 일, 그리고 어떻게 그 일로 인해 그녀의 삶과 이론화 작업에서 쇠퇴 이데올로기와 씨름하게 되었는지를 요약하는 장章으로 시작하고 있다.

『일화 이론』에서 나는 이렇게 썼다. "이론화하려는 충동은 종종 내 삶의 사건을 통해서 생각하려는 욕구와 다름없는데, 그 사건은 대개가 (비록 가끔은 서문과 같은 것에 암시되곤 하지만) 이론에 포함되지는 않는다. … 이론 전체가 '일화적인' 것임이 밝혀진다. 즉 사고하기는 어떤 의문의 문제적이고 선동적인 사건에 의해 고취되고, 활기를 얻거나 필연이 된다."[88] 걸레트의 요통은 이론을 끌어낸 '삶의 사건'이다. 삶의 사건을 서문에 한정시키거나 혹은 말하지 않는 다른 대부분 이론과는 달리, 내가 가장 소중히 여기는 작업은 걸레트의 『쇠퇴의 거부』나 일라이 클레어의 『망명과 자긍심』Exile and Pride 처럼 삶의 사건을 서문 그 이상 이론화의 일부로 포함하는 것이다.[89] 나의 이 책에 장애와 노화 연구 부분에서 영감을 준 많은 이론적 작업은 사실 삶의 글쓰기를 이론에 결합한 예들이다. 그것들은 그저 함축하는 방식이 아닌 **명시적으로** 일화를 다룬다.

2002년에 나는 왜 일화 이론을 다루는지를 설명하던 중 다음과 같이 썼다. “나는 나 자신을 발견한 세계와 더 잘 교섭하기 위해 … 이론화한다. … 사건에 이론을 맡기는 일은 사고할 수 없도록 하는 그런 상황에서 정확히 사고할 수 있도록 가르치고, 심지어는 사고의 장악이 확실하지 않을 때조차 계속해서 사고할 수 있도록 해준다.”[90] 이것은 이론에서 삶이 지니는 가치에 호소하는 것이며, 이론을 ‘세계와 교섭하는’ 데 일조하는 것으로 생각하고자 호소하는 것이다. 내가 비록 이 구절에 있는 모든 단어를 지지하지만, 그것을 다시 읽는 지금 거기서 ‘할 수 없게 하다[장애를 입히다]’disable라는 동사를 발견하고 적잖이 놀란다. 나를 장애인disabled으로 규정하기 전에 이미 나는 그 단어를 쓰고 있었다. 다시 말해 발의 통증이 내 삶에서 중요한 사실이 되기 전에 나는 그 단어를 썼다. 그 단어를 발견하고는 내 장애가 12년 후 일화 이론이 새롭게 나와 연관되는 길의 전조가 되었다는 사실은 다소 언캐니하다. 크립 이론을 조우하고 그것에 빠지고 난 후로 나는 장애가 사고를 위협할 수 있는 방식뿐만 아니라 체현된 사고의 진가를 가르칠 수도 있는 방식을 크립 이론이 제시해준다고 읽고 싶다.

1부

# 하이힐과 휠체어

## 나의 이야기

뉴욕시와 신발: 이 이야기는 오랜 세월에 걸친 이야기다. 내가 처음으로 뉴욕에 간 것은 십 대였을 때다. 1968년이었다. 미네소타 덜루스 출신인 내게 사촌 하비가 도시 관광을 시켜주기로 했다. 대도시를 구경하는 일, 혼자 하는 첫 번째 여행에 잔뜩 들뜬 나는 끈 달린 에나멜 구두를 신고 있었다. 나는 뉴욕에 어울리는 신발, 내게 있는 것 중 가장 어른스럽고 스타일이 좋은 신발을 신고 싶었다. 온종일 맨해튼 지역을 돌아다니느라 내 발에는 마흔여덟 개의 물집이 잡혔다.

1970년대에 코넬대학교에 다닐 무렵 자주 뉴욕에 갔다. 도시를 걷고 또 걸으면서 윈도쇼핑의 유혹에 이끌렸던 것도 기억난다. 나를 유혹했던 진열장에는 멋진 신발들, 형형색색의 다양한 모양의 하이힐로 가득했다. 내가 뉴욕에서 원했던 것이든 아니면 뉴욕이 내게 원했던 것이든 간에, 그것은 여성화로 가득한 그 진열창 안에 있었다. 서로 인접해 있는 유리 창문 안은 말할 수 없이 비싼 고급 신발로 채워져 있거나 저렴하지만 섹시한 신발로 넘쳐났다. 1970년대 뉴욕에서 내가 진짜 신발 한 켤레라도 샀는지는 지금 기억나지 않는다.

1980년대에 나는 근사한 신발들을 많이 모았다. 정년이 보장되고 수입도 안정된 시절에 신발은 주로 내가 돈을 헤프게 쓰던 품목이었다. 3인치 굽의 황금색 구두, 분홍색과 흰색 줄무늬 구두, 그리고 높은 굽에다 가죽 장식이 달린 스웨이드 재질의 발목 부츠 등이 기억난다. 특히 이 세 종류가 기억나는 이유는 오랜 세월 신을 수 없었지만 지금도 내 벽장에 있는 것들이기 때문이다.

1990년대에 내 발에 문제가 생겼다. 1980년대 후반에 첫아이를 임신했을 때 발에 맞는 신발을 찾기가 조금은 어려웠다. 1995년, 둘째 아이를 낳고 발볼이 넓어지면서 신발장에 있는 대부분 신발을 신을 수 없게 되었다. 편안한 일상을 위해 나는 '컨버스 척 테일러 올스타 하이'를 신었다. 젊고 힙해 보여서 색깔별로 대여섯 켤레를 구비했다. 문제는 정장 구두였다. 치마에 컨버스화를 신고 싶지는 않았고 밀워키의 패션 구두점 어디에도 넓은 발에 맞는 여성용 신발은 없었다. 나는 그 시절 뉴욕을 여성 신발의 메카로 생각했다. 파트너인 딕과 함께 뉴욕에 갔을 때 넓은 발볼에 맞는 여성 고객 맞춤 가게를 찾아 2인치 굽에 넓은 발에 맞는 검정 스웨이드 메리제인 구두를 샀다. 이전 구두만큼 섹시하지는 않았지만, 정장에 알맞게 예쁜 여성용 신발이었다.

1998년 핼러윈 주말을 보내려고 뉴욕으로 향했다. 토요일 밤 친구들과 첼시에서 저녁을 먹고 택시로 소호에 있는 호텔로 가던 중이었다. 핼러윈 행진으로 인한 교통 체증에 택시가 꼼짝달싹할 수 없게 되자 운전사가 날 내리게 했다. 맨해튼 중심지는 온통 핼러윈

의상을 차려입은 이들로 가득했다. 나는 결코 그 무리에 속하지 않았다. 스웨이드 정장 구두를 신고 있던 터라 소호에 도착할 무렵 발이 너무도 아팠다. 호텔로 돌아온 후 내 발에는 열 개가 족히 넘는 물집이 잡혀 있었다.

2001년 3월, 딕과 나는 첫째 아이 맥스를 데리고 열다섯 살 생일을 맞아 뉴욕엘 갔다. 우리는 맨해튼을 돌아다니며 그에게 도시 구경을 시켜주었다. 나는 짙은 녹색 컨버스 척 테일러를 신고 있었다. 다음날 왼발이 아프기 시작하더니 너무 통증이 심해서 많이 걸을 수 없었다. 뉴욕과 걷기, 이것은 내게 정말 길고 긴 이야기다.

· · ·

밀워키로 돌아온 후에도 통증이 사라지지 않았고, 두세 달 후에 발 전공인 정형외과 의사를 찾아갔다. 엑스레이를 찍고 나서 그는 내 발 상태에 대해 말해주었다. 아마도 30분 정도 얘기했던 것 같다. 그의 말뜻을 정확히 파악하지 못했지만 많은 표현이 내 기억에 남아 있는데, 그것은 내 발의 아치 부분이 아래로 기울었고 인대가 파열되었다는 것이다. (타고난 평발이라 아치가 분명 아래로 '무너진' 것이다.) 발에는 스물일곱 개 뼈가 있고, 인대가 그 뼈들을 지탱해주어야 하는데 제 기능을 하지 못하고 있다는 것이다. 제3의 문제가 있는데, 그 뼈들을 지탱해줄 특별한 끈 달린 신발을 신어야 한다는 말이 아직도 내 기억에 선명히 남아 있다. 보조 기구를 사용하고 특수 정형외과용 신발을 신어야 한다는 것도 있었다. 그는 내가 신고 간 녹색 컨버스 척 테일러를 비웃기라도 하는 듯 그 신발이 얼마나 부적합한지를 보여주려고 접었다 쥐었다를 반복했던 것이 기억난다. 여성들이 신는 신발에 대해 경멸을 표현했던 것도 기억한다. 그의 충고를 따르지 않으면 십 년 후엔 걸을 수도 홀로 서 있을 수도 없을 것이라고 말했던 것도 기억한다.

의사의 집무실에서 나올 때쯤 난 큰 충격에 빠졌다. 현기증이 나고 혼란스러웠다. 집에 운전하고 갈 수 있을지도 장담할 수 없을 정도였다. 무척 외로움을 느꼈던 것 같다. 물론 몸이나 친숙한 일상에서 받는 고독한 느낌은 아니었다. 의사에게 갈 때는 사소하고 일시적인 문제여서 치료책도 있겠지, 내 몸의 아주 작고 미약한 부분의 작은 문제가 있을 뿐이겠지 하고 생각했다. 그런데 나올 때는 비참한 상실감에 빠졌다. 마치 종신형을 받은 기분이었다. 평생 보기 흉한 신발들을 신어야 하는 종신형 말이다.

몇 달간은 우울하고 불안한 상태에 머물러 있었다. 발에 대한 걱정이나 걸을 수 없다는 사실을 걱정했다기보다는 신발에 대한 상실감을 받아들일 수 없었다. 어떤 옷에도 어울리지 않는, 투박하고 볼품없는 신발을 신어야 했다. 그런 신발을 신고는 도저히 멋있을 수 없다. 난 못생기고, 우스꽝스러울 것이며, 여성적으로 보이지도 않을 것이었다.

의무적으로 할 수 없이 정형외과용 신발 가게로 가서는 그나마 스타일을 살릴 수 있도록 그중에서 가장 덜 못난 신발 두세 켤레를 샀다. 그런데 신발만의 문제가 아니라 그 신발에 맞춰 무엇을 입느냐가 문제였다. 더구나 여름이었다. 드레스, 치마, 반바지, 가볍게 날리는 바지 이런 것들을 이 무거운 신발과 함께 착용하니 흉측해 보였다. 여름 내내 뜨거운 날씨였음에도 나는 청바지를 입었다. 그나마 그게 제일 나은 차림이었기 때문이다. 그때 나는 내가 부치butch라면 좋겠다거나 혹은 이 신발 때문에 부치로 보이면 더 좋겠다고 생각했던 것으로 기억한다.

난 그 신발들을 신었고, 흉해 보이지 않으려고 애썼고, 여전히 구두 신기를 고대했다. 고통은 사라지지도 누그러지지도 않았으며 우울했다. 발에 대한 진단을 받고 나서 두 달이 지난 어느 날 갑자기 나는 분출하는 에너지로 쉰 켤레의 신발을 쓰레기 봉지에 담아 골목에 있는 쓰레기통에 갖다 버렸다. 당장 집에서 없애버리고자 하는 마음 때문에 굿윌Goodwill 같은 곳에 기부할 때까지도 견딜 수 없었다. 쉰 켤레. 나는 그것들을 하나하나 셌다. 모두 다 내가 너무도 좋아하던 예쁜 신발이었다. 사실, 전부를 버리지는 않았다. 내가 가장 좋아했던 여섯 켤레 정도는 버리지 않고 장식장에 진열해두었다. 다시는 그것들을 못 신을지라도.

· · ·

예쁜 구두를 단념하기까지는 수년이 걸렸다. 그 무렵 나는 일련의 의학적 치료, 처방, 소염제, 물리치료, 발목 교정기, 코르티손 주사,

하이킹 부츠, 심지어는 외과적 수술까지 받았다. 의사를 바꿨다. 그 의사는 이탈리아계 이름을 가진, 멋진 가죽 신발을 신은, 내가 좋아하는 종류의 신발을 여성들이 왜 신고 싶어 하는지 이해할 것 같은 발 전문가였다. 내가 과연 힐을 신을 수 있을지 물었을 때 그는 많이 걷지 않고 식사만 하러 가는 정도라면 가능할 것이라고 대답했다. 수술하고 1년쯤 지난 생일날 나는 드레스를 입고 엄청난 보조 장치가 추가된, 내게 있는 유일한 힐을 신고 최신식 레스토랑에 갔다. 드레스를 입은 나는 너무나 기분이 좋았지만 식사를 마치고 테이블에서 정문에 주차요원이 세워둔 내 차까지 단 몇 걸음을 걸을 수가 없었다. 수술 후 애초의 통증(왼발등에 있던 건염)은 사라졌지만 회복하느라 한 해를 보낸 후에 내가 깨달은 것은 고통이 잠시 잠깐 사라졌을 뿐이라는 점, 더는 예쁜 신발을 신던 시절로 돌아갈 수 없다는 점, 그리고 다시는 힐이나 구두를 신을 수 없을 것이라는 점이다. 아무리 내 마음을 이해하는 의사라 하더라도 결코 흉측한 신발에서 벗어나게 해줄 가능성은 그것이 아무리 특별한 행사인 경우에도 없을 것임을 나는 알았다.

투박하고 흉측한 신발을 신어야 하는 운명을 받아들일 수밖에 없게 된 나는 결국 내 발에 대체 무슨 일이 일어나고 있는지에 관심을 두기 시작했다. 인대가 너무 늘어나 뼈를 제자리에 잡아주지 못했다. 단단히 지지해주는 신발과 강력한 교정기구가 그 역할을 대신해줄 수 있었지만, 그것도 잠시뿐이었다. 몇 분 이상 내 발로 서 있으려면 몸무게 때문에 발뼈를 제자리에서 밀어내고 통증을 유발했다.

흉측한 신발을 신으면 내 발로 서 있을 수 있었지만, 그렇다고 내가 완벽하게 기동력이 생기는 건 아니었다. 보조 기능이 가장 뛰어난 신발을 신을 때조차도 앉을 때까지 통증이 심해지는 바람에 내 두 발로 30분 이상을 (걷거나 서서) 버틸 수가 없었다. 이런 제약을 감당하는 법을 배우면서 나는 아름다운 신발을 그리워하는 한탄을 그만두었다.

수술을 받고 몇 년이 지난 후 딕과 나는 짧은 휴가를 보내려고 뉴욕에 갔다. 첫째 날 매우 신이 난 나는 예약해둔 레스토랑에 가려고 호텔에서부터 스무 블록을 걸었다. 커다란 보조 장치와 탄탄한 워킹화를 신으면 스무 블록쯤이야 별것 아니라고 생각하며 거리를 걷고 싶었다. 걷는 일은 내가 뉴욕에서 가장 좋아하는 일이었다. 걸으면서 나는 활력이 넘쳤고 즐거웠으며, 몇 십 년 동안 누렸던 맨해튼에서의 유쾌한 산책을 떠올리기도 했다. 그런데 레스토랑에 도착할 무렵 발이 너무 아파서 서 있기도 힘들었다. 그 후 이틀 동안 우리는 어디를 가든 택시를 타고 다녀야 했으며 그때의 기분은 처참했다. 그건 뉴욕에서 기대하는 일이 아니었다. 보통 뉴욕으로 가는 휴가는 호텔에서의 훌륭한 섹스, 아이들에게서 벗어나 도시의 에너지를 누리는 것을 의미했다. 그런데 그때 호텔에서 그런 일은 일어나지 않았고, 결국 난 울음을 터트리고 말았다. 엄청난 상실감을 느낀 것이다. 그 상실감이란 신발에 대한 감정이 아니라 도시가 내게 주는 어떤 섹시함 같은 것을 잃은 것 같은 감정이다.

즐거움을 위해 뉴욕에 가는 일은 그만두었으나 몇 년 후 나는 딕과 막내 루비와 함께 가족 행사차 도시를 찾았다. 2008년 무렵 우리는 휠체어를 이용해 도시를 관광할 수 있게 되었다. 일요일에 트리베카에서 친구들과 브런치를 먹고 열두 살 루비의 쇼핑을 위해 소호로 갔다. 일요일 오후, 소호는 쇼핑객들로 가득하다. 인파가 붐비는 거리를 휠체어를 타고 따라가던 나는 사람들의 눈높이와 맞지 않기 때문에 매우 새로운 경험을 하게 되었다. 사람들 모두 매력적이고, 활기가 넘치며, 스타일도 좋아 보였다. 거기서 나는 말 그대로 사람들에 둘러싸인 채 완전히 다른 차원에 있는 듯 홀로 동떨어진 느낌이었다. 그런데 그것은 불쾌한 경험이 아니었다.

몇 달이 지난 어느 날 나는 내 침대에서 편안하게 섹스를 즐기던 중에 소호의 거리에서 나를 안중에도 두지 않는 매력적인 젊은이들에게 둘러싸인 채 휠체어에 머리를 기대고 앉아 있는 나 자신을 발견하고 깜짝 놀랐다. 마치 휠체어가 나를 보이지 않는 사람으로 만든 듯했다. 휠체어에 앉은 채 사람들에 둘러싸인 나는 바지 지퍼를 내리고 나의 페니스를 꺼낸다. 군중에 노출되는 일이 나를 흥분하게 만들고, 나는 자위를 시작한다. 아무도 주목하지 않는다. 사람들이 많은 군중 속에서 내 머리가 몸—가슴과 배 그리고 엉덩이—에 접촉할 정도로 가까이 있지만 나를 인지하지 않는 몸에 둘러싸이자 내 큰 페니스는 끈적끈적한 흰색 덩어리를 뿜는다. 내 머릿속 소호에서 휠체어에 앉아 있는 몸의 페니스가 사정할 때, 밀워키에 있는 침대 위 내 몸에는 한바탕의 오르가즘이 몰려온다.

· · ·

## 이야기의 결말

이 이야기를 해야만 했다. 2-3년 동안 이 이야기는 머릿속에서 계속 되풀이되었다. 세부적인 것들이 쌓여가고 어구와 서사의 배열 역시 차츰차츰 구체화되었다. 이 서사에 대한 강박적인 생각이 끝나지 않았고, 일단 지면화된 이상 이 얘기는 섹슈얼리티와 장애의 교차를 이론화하는 크립 이론을 위해 중요한 계기가 될 수 있지 않을까 생각했다. 사실 이 이야기를 하게 된 동기는 이 얘기가 크립 이론 작업을 위해 무언가 제공할 것이 반드시 있을 것이라는 생각에 있었다. 강박적인 이야기 짓기를 하는 몇 년 동안 나는 크립 이론에 관한 자료를 읽고 있었고, 특별히 매력적인 논문을 읽을 때마다 이 얘기가 내 머릿속에서 계속 만들어지고 있었다.

난 이 이야기를 쓰고서 몇몇 친구에게 보여주었다. 그것을 읽고 난 친구들은 마지막 문단이 너무나 충격적이라고 했다. 이야기가 의외의 급변으로 끝난다는 것이다. 이 끝은 서사가 어디로 향하는지의 문제가 아니다. 이야기의 끝부분은 그들에게만 놀라운 것이 아니다. 휠체어 판타지가 내 머릿속에 떠올랐을 때 그것은 내게도 너무 놀라운 것이었다. 이 놀라움의 힘 때문에 내가 이 이야기를 경험한 그대로 쓰고 싶었다. 이 놀라움, 장애와 섹슈얼리티 사이에 당연하다고 여겨졌던 그 관계를 꼭 받아들여야 하는 건 아니라는 돌연한 발견을 전하고 싶은 마음이 들었다.

이 놀라움이 내가 여기서 말하고자 하는 것의 핵심이다. 그 결말 부분의 판타지와 결말 이전의 기승전결 전개 사이의 관계에 관해 생각하고 싶다. 그 놀라운 결말은 대개 서사에서 이상한 것이 아니다. 일례로 그런 결말은 틀림없이 어떤 종류의 단편소설에서 주재료가 되는 것이다. 하지만 나는 소설이 아닌, 시간적 삶을 이해하는 방식에서 전개되는 서사와 서사의 끝이 어떤 관계를 맺는지 생각하는 데 흥미가 있다. 내가 흥미를 느끼는 놀람은 내 이야기를 읽는 사람의 놀람이 아니라 머릿속에서 처음으로 그 판타지가 나타났을 때 느낀 나의 놀라움이다. 나는 그 생생한 놀람을 전달하고 사색하기 위해 이 이야기를 썼다.

여기서 그 놀람은 내가 팔루스라고 불러야 할 필요가 있는 것과 연관이 있다. 즉 팔루스적 놀람에 관한 이야기다. 마지막 문단에 이르기까지는 거세에 관한 이야기처럼 보인다. 섹시한 신발을 신을 수 없게 되는 것, 그래서 길을 걸을 능력을 잃는 것은 거세 서사로 이해될 수 있다. 나는 "그것을 가졌었다." 나는 섹시했고 서서 걸을 수 있었다. 그런데 영원히 "그것을 잃었다." 하지만 마지막에 팔루스가 놀랍고도 기적적으로 다시 나타난다. 팔루스는 이야기가 끝날 때 내 머릿속에서 갑자기 확대되어 분출하는 페니스이지만, 또한 그것은 이야기 서두 부분에 나오는 하이힐이기도 하다. 그리고 그것은 또한 뉴욕시이기도 하다(팔루스로서의 뉴욕). 보통의 서사에서 우리는 거세 불안이라고 부른다. 일단 한번 팔루스가 상실되면 그것은 영원히 상실된다. 이야기의 두 번째 부분이 "다시는 그것들을 못 신"게 된 것으로 끝날 때 나는 "영원히"라는 이 단어를 듣는다. 나의 얘기가 온통 거세로 점철되어 있기도 하지만, 이것은 잃어버린 팔루스를 다시 찾게 되는 이야기이기도 하다. 그것도 우리가 전혀 예상하지 못한 곳에서, 기승전결로 전개된 곳인 거세의 바로 그 자리에서.

나는 이 이야기가 팔루스와 장애의 관계를 재고할 수 있게 해준다고 생각했다. 판타지를 통해 휠체어에서 팔루스를 찾는 일은 단순히 사적 이야기의 방향을 역전시키는 것이 아니라, 휠체어를 거세의 자리로 취급하는 만연한 문화적 구성에 역행한다. 이에 대한 표준적 전거는 바로 휠체어를 탄 채털리 경Lord Chatterley이 팔루스적 주인공인 멜러즈의 거세된 상대역으로 등장하는 D. H. 로렌스D. H. Lawrence의 『채털리 부인의 연인』Lady Chatterley's Lover이다. 팔루스가 휠체어 안에서 등장할 수 있다면, 그리고 단순히 우연한 일이 아니라 **팔루스를 등장시키기 위해 휠체어가 불려 나온 것이라면**, 팔루스와 휠체어의 관계, 즉 섹슈얼리티와 장애의 상징적 관계는 우리가 추측했던 것과 다르다.

이 이야기가 팔루스의 자리를 재고하도록 하는 것이, 팔루스가 얼마나 다양한 곳에서 등장할 수 있는지 인식하도록 하는 것이 나의 소망이었다. 이 이야기를 인지하고 고안할 때, 중심은 장소에 있었다. 나는 뉴욕시 같은 장소에서 발생하는 일련의 사건을 중심으로 해서 이야기를 구성했다. 거리와 휠체어 또한 이야기에서 의미 있는 장소다. 하지만 이 이야기가 끌어들이는 것은 단순히 팔루스의 장소가 아니다. 팔루스적 결말과 이전의 거세 서사 사이의 순차적 관계 때문에 나는 이 이야기가 팔루스의 시간성에 관한 것임을 인식하게 되었다. 그리고 시간의 차원에 대한 인식이 내 이론 틀의 중요한 확장을 가능하게 했다.

분석 작업에 시간성을 추가하는 데 관심을 두었던 나는 크립 이론에 관한 읽기 작업에 노화 연구 텍스트들을 보충하기 시작했다. 그리고 앞의 그 이야기를 쓰고 나서 바로 '중년'의 노화를 이론화하는 책인 마거릿 모건로스 걸레트의 『쇠퇴의 거부』를 읽은 것도 바로 그런 보충 작업이다. 『쇠퇴의 거부』는 책의 중심 개념인 쇠퇴 이야기를 소개하기 위해 몇 가지 자전적 일화에서 출발한다. 걸레트의 일화 중 하나는 내게 너무나 신기할 정도로 친숙한 이야기라서 놀랍다. 49세의 나이에 심한 요통을 겪은 걸레트는 정형외과 의사에게 진찰을 받고 비참한 상실 상태에 놓인다. 그녀는 다음과 같이 쓴다. "나는 삶에서 최악의 소식을 접했고 … 자살을 계획하는 처참한 상태에 빠졌다."[1] 걸레트처럼 나도 49세에 정형외과 의사의 진찰을 받았다. 그녀는 요통을 앓고 나는 발에 통증이 생겼지만, 정형외과 의사에 대한 걸레트의 반응과 나의 반응 사이에는 비슷한 점이 있다. 이야기에서 표현했듯이, "그런데 나올 때는 비참한 상실감에 빠졌다. 마치 종신형을 받은 기분이었다."

『쇠퇴의 거부』는 재앙적 상실로 들어서는 그러한 순간들이 중년에 대한 문화적 구성을 정형화한다고 설명한다. 걸레트의 글을 읽는 동안 나는 장애에 관한 얘기로만 생각했던 내 서사가 사실은 나이 듦에 관한 서사이기도 하다는 사실을 깨달았다. 쇠퇴 이야기를 연구하고 또한 그 이야기에 저항하는 걸레트의 작업은 이번 장의 중요한 이론적 동행이 되어준다. 내 이야기를 걸레트의 이야기와 연결하고, 내가 말하고자 했던 시간적 차원의 중요성을 목격하는 일은 두 가지에서 세 가지로 이론 틀을 확대해주었다. 즉 섹슈얼리티와 장애의 그물망에 나이 듦을 추가하려 한다.

걸레트는 중년에 겪은 요통에 대한 장을 다음과 같이 끝맺는다. "만성적 고통은 다양한 형태로 찾아온다. 우리가 그 이야기들을 듣기 시작하면, 그 고통받는 사람들의 많은 대안적 이야기를 얻게 될 것이다. 앎의 파도가 우리에게 다가오는 방식, 즉 우리가 신체적 불평등의 느낌을 견디는 동시에 사적인 반응을 발견하는 방식은 그저 냉혹한 정도가 아니다."[2] 나는 걸레트가 우리에게 듣기를 요구하는 '대안적 이야기', 그녀가 냉혹함이라고 부르는 것에 대한 대안을 제시할 수 있는 이야기 중 하나로 내 이야기를 생각하고 싶다. 냉혹함은 쇠퇴 이야기에 대한 또 다른 이름이다. 그것은 나이 듦에 대한 문화적 구성의 시간 논리다. 나는 그것을 거세의 표준적 시간성에 대한 또 다른 이름으로 인식하고자 한다.

내 이야기의 마지막 문단은 분명 냉혹함에 강력히 반대한다. 그 결말은 시간성에 대해 내가 탐구하고자 하는 것에서 가장 중요한 부분이기도 하고, 팔루스 즉 섹슈얼리티와 장애를 재고하기 위한 가장 놀라운 증거이기도 하다. 그 결말은 내 이야기를 하고 싶게 만든 것이기도 하다. 하지만 결말의 힘은 바로 결말에 이르도록 한 것이 상당히 표준적인 쇠퇴 이야기라는 사실에 있다. 결말까지의 이야기가 너무나 거세 서사로 보이는 부분이 있어서 마지막 문단은 팔루스적 시간성에 대한 이해의 어떤 변화를 약속하는 듯이 보인다.

내가 흥미로워하는 대안적 시간성은 행복한 결말이 아니라 행복한 놀람이 쇠퇴 이야기와 공존하는 것이다. 여러 가지 이유로 이야기 전체의 읽기를 끝내는 순간 그 결말이 머릿속에 가장 먼저 떠오르기 때문에 결말에 관해 말하는 것으로 시작함이 당연해 보인다. 그러나 나는 또한 마지막 문단이 그 앞에 오는 내용을 지워버리지나 않을까 걱정되기도 한다. 결말 이전 부분에 고루 분배하기 위해 나는 휠체어의 팔루스에 대한 논의를 나중으로 미룰 것이다. 그 전에 나는 이 서사의 다른 주제 몇 가지를 살펴보려 한다. 예를 들면 도시의 거리, 페미니즘과 하이힐, 젠더와 장애 같은 것 말이다.

## 도시의 거리

내가 처음 이 챕터를 시작하는 이야기의 초고를 쓸 때 「도시의 거리」City Sidewalks라는 제목을 붙였다. 이야기에는 40년에 걸쳐 뉴욕의 거리에서 일어나는 일련의 사건, 그 장소와 연결되는 사건들이 포함되어 있다. 2010년에 일라이자 챈들러Eliza Chandler는 『장애 연구 쿼털리』Disability Studies Quarterly에 실린 논문에서 '거리 이야기'sidewalk stories라는 장르를 제안한다.

논문 서론에서 챈들러는 이렇게 쓴다. "이 논문은 거리를 통해 장애로서/장애와 함께/장애를 위해 밝혀야 하는 곤혹스러운 과제와 그 거리가 촉발하는 이야기를 탐구한다."[3] 챈들러는 장애 정체성에 초점을 두고 있지 않으며, 그녀의 가장 귀중한 이론적 기여는 장애 자긍심과 장애 수치심의 교차에 대해 배울 것이 있다는 주장이다. 그러나 이러한 주장을 하는 것과 함께 챈들러는 거리 이야기라고 부를 만한 것이 있다고 무심코 제안하기에 이른다.

챈들러는 그러한 장르의 정체에 대해 별다른 설명을 하지 않은 채 그 구절을 반복적으로 사용한다. 제목으로 사용되는 것 말고도 그 표현은 챈들러의 논문에 세 번이나 나온다. 첫 번째로 글 중반쯤에 다음과 같이 쓴다. "장애 이야기, 거리 이야기 그리고 여타 이야기들이 장애인으로서 나의 '세계-내-존재'를 의식하는 내 몸에 들어온다." 거리 이야기는 마치 '장애 이야기'의 하위 집합, 하위 장르인 듯하다. "내 몸에 들어온"이라는 표현에는 다소 사적이고 내부적인 것이 암시되지만, "세계-내-존재"라는 표현은 공적이고 외부적인 것을 의미한다. 따라서 챈들러의 거리는 사적인 몸과 공적인 세계가 조우하는 지대가 될 수 있다.

챈들러의 논문 제목에 나온 그 표현은 결론 부분에서 두 번 사용된다. "나는 지금, 거리 이야기에서, 새로운 이야기가 … 자긍심과 수치심의 결합이 세상에 내놓을 수 있는 것을 처음 발견하게 된 지점으로 돌아간다. … 나는 이런 거리 이야기들을 한다. … 그 이유는 세상에 나오지 않은 그 이야기들이 수치스러운 감정과 함께 내 몸에 자리 잡고 있기 때문이다. 내 이야기들과 그 이야기들을 서술하는 과정에서 자긍심과 수치심이 동시에 구체적으로 표현된다." 이전의 경우처럼, 거리 이야기는 "내 몸에 자리 잡"기와 "세상에 내놓"기 사이의 대립, 사적인 것과 공적인 것의 대립을 끌어들인다. 바로 이 결론에서 그 대립은 자긍심과 수치심이라는 정서적 대립까지 포함한다.

챈들러는 자신이 거리 이야기로 의도한 것이 무엇인지 절대 규정하지는 않지만, 논문 서두에서 한 가지를 밝히고 있다. 그 이야기는 걷기, 장애, 낯선 사람과의 만남과 관련된다. 결론에서 그녀가 표현하듯이, 그것은 "한밤의 산책 도중 거리 모퉁이에서 무시당하는 견디기 힘든 수치심"의 이야기다. 그것은 수치심의 이야기이기도 하지만, 논문의 결론에서 암시하듯이, 수치심뿐만 아니라 자긍심까지도 표현한다. 예를 들면, "내가 이 이야기들을 하는 이유는 세상에 나오지 않을 때 그 이야기들이 내 몸에 수치심과 함께 머물기 때문이다. 내 이야기와 그 이야기를 하는 과정에서 … 자긍심이 수치심을 달래고, 자긍심이 수치심을 위로해준다." 그 이야기가 "견디기 힘든 수치심"에 관한 이야기이고, 이야기되지 않으면 "수치심으로 고통받는" 것이지만, 그 이야기를 함으로써 수치심에 자긍심을 보탠다. 그것이 바로 챈들러가 거리 이야기를 하는 이유다.

나는 챈들러가 자긍심과 수치심의 교차를 주장하는 점이 마음에 든다. '거리 이야기'에서 섹슈얼리티가 논의되지는 않더라도, 자긍심과 수치심의 교차를 주장하는 챈들러의 작업은 퀴어 이론과 공명하는 부분이 있다. 2009년에 출판된 『게이 수치심』 서론에서 편집진은 다음과 같이 쓰고 있다. "게이 자긍심은 결코 수치심과 완전히 분리되거나 그것을 초월할 수는 없다. 게이 자긍심은 게이 되기의 수치심을 언급하지 않고서는 감지되기조차 힘들고, 게이 되기의 성공이 (실패에 대해 아무 말 하지 않고) 수치심과의 지난한 투쟁의 강도를 증명하기에 이른다."[4] 설령 그 주제가 게이 자긍심과 수치심이라 하더라도, 자긍심과 수치심의 교차를 주장하는 점은 챈들러의 그것과 놀랍게도 일치한다.

『게이 수치심』은 사실 '장애의 수치심'이라는 제목의 섹션을 포함하고 있다. 몇 년 전 그 섹션에 포함된 논문들을 읽은 경험은 당시 내 머릿속에 있던 발에 관한 회고를 글로 옮기게 한 가장 강력한 시발점 중 하나였다. 나의 거리 이야기는 이런 특정한 틀 안에서 말해지기를 집요하게 주장하며, 그 틀 안에서 장애의 수치심은 일종의 수치심과 자긍심의 관계에 관한 퀴어한 탐구가 된다.

챈들러는 거리 이야기에서 섹슈얼리티를 언급하지 않지만, 2년 후 리바 레러는 섹슈얼리티에 관해 꽤 많은 양을 언급한 논문 「골렘 소녀의 행운」Golem Girl Gets Lucky을 발표한다. 챈들러와 비슷하게 레러 역시 자기 자신의 이야기를 장애 이론에 결합한다. 챈들러와 레러가 거리 이야기만 하는 것은 아니다. 그들은 일화 이론을 수행하고 있다. 「골렘 소녀의 행운」에서 레러는 거리의 섹슈얼리티에 대한 솔직하고 저돌적인 이론을 제시한다.

레러는 다음과 같이 쓰고 있다. "여성들은 거리가 하나의 캣워크catwalk임을 알고 있다."[5] 캣워크는 "극장, 나이트클럽 등 (특히) 패션쇼에서 모델들이 걸어 나오는 것처럼 무대에서 청중으로 이어지는 좁은 통로"다.[6] 레러는 거리를 일종의 미인 대회로 상상한다. "우리는 몸의 특징으로 심사받는다. 그리고 미인 대회에 입장하는 내 몸은 S자형 곡선이 아니라 Z자형이다."[7] '캣워크'가 그저 '대회'를 지시하는 것이기도 하지만, 여성의 육체가 구경거리로 전시되는 논문 후반부에 레러가 "퍼시 댄스"pussy dance*라고 부르는 것을 지시하는 것일 수 있다. 레러의 '캣워크'에는 '매춘굴'cathouse의 뉘앙스도 있다.

챈들러처럼 레러는 '세계-내-에' 있는 장애의 관점에서 거리를 바라본다. 레러는 장애 이면 역사의 일부를 거리에서 채운다. "우리는 늘 여기에 있었지만, 뒷방에 … 그리고 요양원에, 계단과 수동 휠체어 그리고 지독한 편견에 갇혀 살았다. 우리는 경사진 도로, 전동문, 저상버스와 함께 등장하기 시작했다."[8] 사적이고 은밀한 공간에 "갇혀" 있고 숨겨졌던 장애의 몸이 거리로 이동하여 "등장하기 시작했다." 챈들러가 거리 이야기를 위해 강조한 이동, 사적인 내면에서 공적인 외부로의 이동이 레러의 거리에서 발생한다. 챈들러는 이것을 수치심과 자긍심에 연결하고, '몸'과 '세계'의 조우에 연결한다. 레러는 그러한 조우가 성적임을 분명히 표현한다. 레러는 거리를 캣워크라고 부를 뿐만 아니라 "거리의 짝짓기 춤"이라고 부르기도 한다. "거리의 짝짓기 춤에서 우리는 매력적이지 않은 부류로 분류된다."

* 성기를 드러내는 포르노 댄스를 지칭한다.—옮긴이

레러는 자신의 몸이 얼마나 매력적이지 않은 것으로 취급되는지를 설득력 있게 전달한다. "미인 대회에 입장하는 내 몸은 S자형 곡선이라 아니라 Z자형이다. … 그녀의 몸은 구불거리는 실에 뼈가 매달려 있는 듯한 척추 때문에 흔들리기 마련이다. … 엉덩이와 가슴이 서로 숨바꼭질이라도 하듯이 출렁대기도 한다."[9] 캣워크는 그저 보이고 심사받는 장소가 아니라 여성들이 걷는 장소다. 거리를 캣워크라고 한다면 그것은 둘 다 걷는 장소이기 때문이다.

그곳에서 어떻게 움직이는지에 따라 매력적인 몸인지 아닌지 결정된다. "그녀의 몸은 … 흔들리기 마련이다. … 출렁대기도 하고 … [우리는 가끔은 … [그녀를] 거리의 여자라고 칭한다." 흔들거리고 출렁대는 몸의 움직임은 여성이 걷는 방식(하이힐을 신을 때 눈에 띄는 걸음걸이)이기도 하다. "거리의 여자"라는 단어로 문단을 끝맺는 것은 걸음걸이와 섹슈얼리티 사이의 연관성을 강조한다. 예를 들면 도보sidewalk, 캣워크, 거리의 여자streetwalker 사이의 연관성 말이다. "그녀의 몸은 엉덩이와 가슴이 서로 숨바꼭질이라도 하듯이 출렁대기도 한다. … 우리는 가끔은 중력장에서 발휘되는 그녀의 힘을 처벌하고 그녀를 거리의 여자라고 칭한다. 일부 여자들은 퍼시 댄스에서 빠져나와 몸동작으로 하는 방어를 선택한다."[10] 규범적인 여성의 걸음걸이에 대한 레러의 관점에는 부러움만 있는 것이 아니라 거리에서 매력적인 여성 육체로 보이는 것의 위험성에 대한 인식도 포함하고 있다.

레러는 장애의 몸으로 미인 대회에 입장하는 것이 그저 단순히 볼썽사나운 것만은 아니라는 인식도 보여준다. "나는 몸으로 심사위원들을 겁줄 수 있는 장애 여성의 한 명일 것이다." 레러는 이어서 다음과 같이 쓴다. "그들은 불안정한 우리의 생김새가 용인되지 않은 욕망을 암시할까봐 두려워한다. 무대 양쪽에서."[11] 심사위원들은 장애의 몸을 향한 욕망을 상상할 수 있기에 두려워한다. 장애 여성의 몸이 단순히 볼썽사나워서가 아니라, 그녀가 끌어내는 욕망이 "용인되지 않은"unsanctioned 것이라는 점이다.

챈들러의 거리 이야기는 '자긍심과 수치심이 공존'하는 모호한 장소다. 분명히 성적인 레러의 거리는 규범적인 여성성의 긍정이 수치심을 주는 공격으로 미끄러질 수 있는 곳이자, 볼썽사나움과 용인되지 않은 욕망이 동일한 것임을 의미할 수 있는 장소다. 레러의 어조에는 무시당하는 슬픔("우리가 매력적인지를 판단할 만큼 충분히 보지 않는다")부터 퀴어한 반항("나는 몸으로 심사위원들을 겁줄 수 있는 장애 여성의 한 명일 것이다")까지 다양한 감정이 있다.[12] 챈들러의 표현처럼 "자긍심이 수치심을 달래고, 자긍심이 수치심을 위로해 준다."

레러의 표현인 "나는 … 겁줄 수 있는 장애 여성의 한 명일 것이다"는 챈들러의 관점에서 볼 때 "자긍심을 가지고 장애의 정체를 밝히는 일"이다. 나는 챈들러의 장애 자긍심과 수치심의 관점에서 레러의 성적인 거리 이야기를 이해하고 있다. 자신의 몸을 용인되지 않은 섹슈얼리티의 상징으로서 수용하는 레러의 반항을 챈들러의 자긍심에 연결한다. 그리고 레러가 자신의 몸을 볼썽사나움으로 표현하는 것을 챈들러의 수치심에 연결한다. 나는 성적인 특징이 뚜렷한 이와 같은 자긍심과 수치심을 직시하게 되면서부터 자긍심과 팔루스의 관계, 수치와 거세의 관계를 묻지 않을 수 없게 되었다.

레러의 거리 이론화는 나의 이야기를 이해하는 데 유용하다. 소호에서 사람들한테 둘러싸인 채 휠체어에 앉아 있던 나는 그들에게 보이지 않는 존재라는 느낌에 휩싸였다. 레러는 이렇게 쓴다. “지팡이와 의자는 … 행인들의 흐름을 방해한다. 군중은 강물처럼 흐르며 우리를 강가에 있는 돌처럼 바라보고 기이한 듯 무시한다. … 그들은 우리가 매력적인지 아닌지를 판단할 만큼 오래 보지도 않는다.”[13] 하지만 나중에 내 머릿속의 그 거리에서 ‘흐르는 군중’이 나의 섹슈얼리티를 불러냈다. 그들이 오래 보지 않는다는 점 때문에 내게는 용인되지 않은 욕망의 기회가 생긴다.

레러는 머릿속의 에로틱한 거리를 설명하는 데 특별히 예리하다. 예를 들면 “우리는 매일매일 다양한 인간 대회를 항해하고 있다. … 차이의 몸들은 욕망의 형태를 들여다볼 수 있는 목록을 우리에게 제시해준다. 우리의 리비도는 짧은 순간 노출되는 우리 몸에 대한 기억에 응집된다.”[14] 집으로 돌아온 나는 내 욕망의 새로운 형태를 발견했다. 나의 리비도는 거리에 있는 몸들의 흐름 속에 있는 내 존재에 대한 기억에 응집되었다. “우리의 리비도는 … 응집된다”—여기에 팔루스가 있다. 즉 “짧은 순간 노출되는 우리 몸에 대한 기억에”—나의 이야기 마지막에도 팔루스가 있다.

레러의 이 문단에서 언급되는 대회는 캣워크와 거리의 여자가 등장하는 문단의 대회와는 달라 보인다. 거리의 섹슈얼리티에 대한 비전이 좀 더 광범위하다. "그녀의 몸은 … 흔들리기 마련이다. … 그녀는 출렁대기도 한다"라는 표현 대신에 "다양한 인간"과 "차이의 몸들"이라는 표현이 그렇다. "심사받는" 존재로서의 여성 대신에, "심사위원"이라는 표현 대신에, 거리에서 "우리 욕망의 형태를 발견"하는, "짧은 순간 노출되는 우리 몸에 대한 기억에 리비도가 응집"되는 보편적인 "우리"라는 표현이 있다.

거리의 대회는 일종의 '카탈로그', 즉 우리가 원하는 것을 쇼핑할 수 있는 장소가 될 수 있다. 레러는 거리에서 대면하는 몸에 대한 욕망의 역학을 논의하기 위해 카탈로그의 이미지를 사용한다. 그 욕망이 나의 이야기에서는 쇼핑하던 중 생긴 다소 덜 공공연한 성적 욕망에 연결된다. 나는 섹슈얼리티의 한 양상으로서 그 욕망에 관심이 있다. 즉 우리가 욕망하는 물건들과 그 물건들이 우리를 매력적으로 만드는 방식에 대한 환상에 관심이 있다. 레러의 거리는 우리의 욕망을 집중시키는 몸들, 우리가 갖고자 하는 몸들이 나열된 카탈로그라 할 수 있다. 나의 거리 역시 그러한 카탈로그를 제시하지만, 또한 우리가 그렇게 되기를 바라는 몸의 카탈로그도 제시한다. 차이의 몸들이 등장하는 레러의 대회에 덧붙여 내가 제기하는 거리는 윈도쇼핑의 장소이기도 하다.

이 보잘것없는 나의 이야기에 「도시의 거리」라는 제목을 붙일 때, 내 기억 속에 오랫동안 각인된 어느 노래의 한 구절이 생각난다. 크리스마스 캐럴인 〈실버벨〉은 "도시의 거리, 붐비는 거리"로 시작된다. 이 노래는 크리스마스 시즌 쇼핑에 대한 노래다. "쇼핑객들이 소중한 물건들을 손에 들고 서둘러 집으로 향한다."[15] 나의 이야기가 크리스마스 캐럴에 연결되는 점은 내게도 이상해 보인다.

크리스마스 캐럴에 대한 관계는 늘 내게 모호했다. 유대인인 나는 어렸을 적에 크리스마스를 기념한 적이 없다. 하지만 그저 휴일이어서가 아니라 "다가올 크리스마스의 기분에 취해"라는 노래 가사가 알려주듯이, 캐럴과 휴일의 장식들로 둘러싸인 채 크리스마스 시즌 동안 쇼핑을 하는 경험 때문에 나는 흥분되기도 하고 소외되는 기분도 들었다. 내가 전혀 기념하지 않는 큰 행사를 앞두고 나는 흥분도 되고 소외도 되는 것이다. 크리스마스에 대한 나의 감정은 뉴욕시에 대한 감정과 상당히 비슷해 보인다. 뉴욕에 살지 않으면서도 정기적으로 붐비는 거리에서 사람들에 둘러싸인 채 "다가올" 것에 대한 기대와 욕망을 느끼면서 흥분해 있는 나를 본다.

회고적인 나의 이야기에 제목을 붙일 때 내게 떠오른 그 〈실버벨〉은 쇼핑의 장소에 해당하는 '거리'와 관련이 있다. 단순히 물건을 사는 것이 아니라, 정확히 말해서 "소중한 물건들"에 대한 기대와 욕망, '빅애플'[뉴욕의 애칭], 도시 거리의 흥미진진함과 섹시함으로 내게 다가왔던 그 충만함과 함께 쇼핑하는 것과 상관이 있다. 내게 도시의 거리는 레러의 표현대로 정말 '카탈로그'다.

나의 이야기에 있는 윈도쇼핑은 특정 유형의 진열장, "여성화로 가득한 진열장"에 대한 특정 선호를 표현한다. 이런 특정 성향이 나만의 것은 아니다. 한 소비자 연구 저널의 논문은 다음과 같이 끝맺고 있다. "구두는 소비자의 환상과 탐닉을 위한 주요 물건이다. 구두 가게가 쇼핑몰의 중심 매장이 되는 것은 놀랍지도 않다. … 구두는 욕망과 환희를 불러일으키는 주요한 물건이다. … 그것이 심지어 경박하고 하찮아 보일 때도 희망과 기쁨, 슬픔을 주는 중대한 물건이 된다."[16] 한 여성의 인터뷰가 『구두: 스타일의 용어』Shoes: A Lexicon of Style라는 책에 소개되었는데, 구두를 산다는 것이 "쇼핑의 가장 상위 형태"에 해당한다는 내용이다.[17]

「도시의 거리」의 고백에서 내가 표현했듯이, "1970년대에 … 나는 도시를 걷고 또 걸으면서 윈도쇼핑의 유혹에 이끌렸던 기억이 난다. 나를 유혹했던 진열장에는 멋진 신발, 형형색색의 다양한 모양의 하이힐로 가득했다. 내가 뉴욕에서 원했던 것이든 아니면 뉴욕이 내게 원했던 것이든 간에, 그것은 여성화로 가득한 그 진열장 안에 구현되어 있었다."

## 페미니즘과 하이힐

1970년대 뉴욕의 진열장에서 소유하고픈 욕망에 빠져들 때 "페미니스트들은 하이힐을 그리 호의적으로 보지 않았다."[18] 나는 70년대의 페미니스트다. 다른 페미니스트들이 내게 어떻게 페미니스트이면서 그런 신발을 신는지를 물었던 것이 생각난다. 페미니스트의 거부는 하이힐에 대한 내 욕망을 오히려 더 자극했다. 용인되지 않은 것이기 때문에.

로레인 개먼Lorraine Gamman은 2001년에 발표한 논문에서 20세기 후반의 페미니스트들이 하이힐을 어떻게 받아들이는지에 대해 짧게 내력을 소개한다. 그 내력은 1970년대의 비판에서 시작한다. "페미니스트의 거부는 … 1980년대의 포스트모던 문맥에서 대중적인 지지를 얻지 못했다. … 섹시한 신발이 단순히 억압적인 것이 아니라 여성들에게 즐거움을 주었다는 생각이 널리 수용되었다. … 하이힐은 … 분명 여성의 섹시함을 함축하고 있고, [1990년대에] 일부 페미니스트들이 여성의 욕망을 다시 요구하며 중성적 섹슈얼리티에 대한 저항을 주도하려고 결심했을 때 … 하이힐은 욕망하는 주체를 위한 **정치적으로 올바른** 차림새에 **거의** 가까워 보였다."[19]

이런 이유로 1970년대와 90년대 사이에 하이힐은 정치적으로 올바르지 않음부터 그와는 "거의" 정반대인 정치적 올바름까지 그 사이를 오가며, 페미니즘에 대해 180도 다른 척도의 역할을 해왔다. 70년대의 페미니즘과 90년대의 페미니즘 사이 관계에 대해 많은 논의가 있었지만,[20] 여기서 나는 특히 하이힐의 모호한 위상에, 하이힐이 어떻게 해서 여성의 억압과 힘을 동시에 상징할 수 있게 되었는지에 초점을 두고 싶다.

부분적으로는 일화를 다루었다는 이유에서 나는 개먼을 이 탐구 분야의 동반자로 삼으려 한다. 개먼은 신발에 대한 고찰에서 다음과 같이 소소하게 사적인 부분을 노출한다. "1990년대 하이힐의 성공에도 불구하고 … 몇몇 '강한' 여성들이 여전히 운동화를 착용하고 시류에 뒤처졌다. … 굽이 높은 물건에 대한 값비싼 내 욕망이 하룻밤 정사 이상의 의미가 아님을 깨닫는 데 오랜 시간이 걸렸다."[21] 여기서 '강한' 여성들이 하이힐을 신을 것이라는 1990년대의 기대에 주목해보라. 그것은 하이힐과 여성의 권한 사이 모호한 관계를 고찰하기 위해 중요한 점인데, 사실 나는 힐을 신는 대신 개먼이 운동화를 신고 있었다는 언급 때문에 이 구절을 인용하고 있다.[22] 1990년대에 나는 컨버스 하이탑을 신었다. 나는 개먼의 언어("굽이 높은 물건에 대한 값비싼 내 욕망", "하룻밤 정사")가 하이힐에 대한 에로틱한 욕망을 내포하는 방법을 높이 평가하지만, 사실 1990년대에 "운동화를 착용해서 시류에 뒤처졌다"고 느꼈던 사람이 나만이 아니었다는 사실에 더욱 마음이 움직였다. 개먼과 나의 공통점은 운동화를 신는다는 점만이 아니라 슬픔과 상실감("뒤처졌다"), 성적인 부분의 상실감이었다.

개먼은 "1990년대 하이힐의 성공"을 바라보면서 두 가지 다른 의미를 전달하는 인용문을 쓴다. 먼저 (구찌의 톰 포드Tom Ford를 인용하며) "하이힐을 신고 섹시하지 않기란 힘들다." 다른 한편으로는 (뉴욕 바니스의 사이먼 두난Simon Doonan을 인용하며) "하이힐은 권위를 창조한다."[23] 사실상 같은 의미의 두 문장은 하이힐에 대한 다른 페미니스트의 논의에도 등장한다. 예를 들어 클라우디아 워버브닉Claudia Wobovnik은 2013년에 다음과 같이 선언한다. "하이힐을 신은 여성은 매력적이고, 섹시하고, 유혹적이지만, 다른 한편으로 요직에 있는 여성들은 권위와 힘을 나타내기 위해 하이힐을 신는다."[24] 워버브닉은 이와 같은 두 가지 의미의 공존을 '역설적'이라고 생각한다. 섹스와 권위 양쪽을 상징하는 것은 그 둘이 다를 뿐만 아니라 상충된다는 일반적인 가정에서 역설이다. 하이힐이 두 의미를 전달한다는 사실은 그 두 의미가 대립적인 것이 아니라 서로 긴밀히 얽혀 있다는 것을 시사한다.

개먼은 하이힐의 두 가지 의미에 대해 포드와 두난을 인용한 후에 바로 "몇몇 '강한' 여성들은 여전히 운동화를 착용하고 시류에 뒤처졌다"는 슬픈 고백을 한다. (일화를 다루었다는 이유로) 이 문장에서 처음에 내가 운동화를 주목했다면, 지금 나는 "'강한' 여성"에 대해, 특히 "강한"이라는 표현에 대해 생각해보고자 한다. "강한 여성"이란 구절은 또한 그보다 2쪽 앞에 서술된 하이힐에 대한 페미니즘의 관계를 다룬 역사에도 등장한다. "페미니스트의 거부는 … 1980년대에 … 대중의 지지를 상당 부분 놓치기 시작했다. … 여성 패션 구두를 그렇게 많은 강한 여성(이른바 팔루스적 여성)이 착용했을 때 그것이 여성의 종속을 의미한다고 보기는 어려웠다."[25]

"강한"에 인용 부호가 없는 이 앞부분에서는 그 수식어의 의미를 설명하는 괄호가 있고, '강한'을 설명하기 위해 끌어들인 단어[팔루스적 여성]는 "이른바"라는 다소 모호한 위상이 부여된다.[26] 괄호와 이른바, 이 둘의 울타리로 방어한 개먼은 페미니즘에 관한 언급에 팔루스적 여성이라는 개념을 도입한다. "팔루스적 여성"이 이처럼 울타리에 에워싸인 채 등장하는 것은 다음을 시사한다. 즉 개먼이 그 구절["팔루스적 여성"]을 지지하지 않을 수도 있지만, 그런데도 그 구절은 하이힐이 왜 페미니스트들에게 양면적인 의미를 가질 수 있는 것이었는지를 설명하는 데 유용하다는 점이다.

나는 분명 개먼이 왜 울타리를 둘러야 했는지, 왜 이 문맥에서 "팔루스적"이라는 표현을 사용하는 것에 불편해했는지 짐작할 수 있다. 논문 후반부에서 그녀는 하이힐의 의미를 탐구하기 위해 페미니스트 문화사를 다루던 중에 좀 더 정신분석학적인 프레임으로 이동한다. 이 후반부에서 "팔루스적"의 의미는 앞부분에서 괄호 안에 썼던 의미와는 상당히 다르다. 예를 들면 "문화적 기호로서의 여성 구두 읽기에서는 힐이 페니스의 대체물substitute이거나 팔루스의 대체replacement를 상징한다는 생각이 지배적이었다."[27] 개먼은 여성 구두에 대한 지배적 읽기에 저항하고자 하기 때문에, 다시 말하자면 구두가 여성 섹슈얼리티에서 차지하는 위상에 대해 여성-긍정적으로female-affirmative 이해하고자 하기 때문에, "페니스의 대체물"과 "팔루스의 대체"를 필요로 하면서도, 여성을 결핍으로 보는 전통적인 정신분석학 모델에는 반대한다. 지배적인 정신분석학 모델에서 팔루스는 여성의 결핍을 인정한다. 페미니스트라면 여성을 거세로 보는 규범적인 정신분석학적 이해에서 작동하는 팔루스의 개념에 불편하지 않을 수 없다.

개먼은 이 같은 중대한 단점이 있음에도 섹슈얼리티를 긍정하는 강한 페미니스트 여성의 특징을 말하기 위해 (물론 괄호와 "이른바"를 쓰지만) "팔루스적"이라는 용어를 사용한다. 개먼이 괄호에 넣은 채 사용하는, 용인되지 않은 팔루스에 내가 여전히 머물러 있는 이유는 내가 이 책에서 제안하고 있는 것과 같은 팔루스—규범적인 정신분석학의 팔루스가 아니라, 페미니스트가 주장할 수 있는 대안적 팔루스—를 언뜻 볼 수 있기 때문이다.

나는 이번 장의 목표를 위해 이 팔루스, 즉 여성의 팔루스가 힐을 신는 것과 연관된다는 사실에 주목한다. 개먼은 하이힐의 두 가지 의미를 소환한 직후 "'강한' 여성"을 언급하는데, 이 표현은 그녀가 "팔루스적 여성"이란 표현에 대해 완전히 용인하지는 않지만 그래도 긍정의 뜻을 내비치고 있음을 보여준다. 개먼이 다소간 의혹을 내비치면서도 "팔루스적"이란 표현을 사용한다면, 그것은 바로 그 용어가 하이힐이 가지는 의미, 겉으로는 다르게 보이는 두 개의 개별적 의미를 동시에 불러낼 수 있기 때문일까? 섹시함과 권위가 팔루스적 여성의 역설적 개념에서 만날 수 있을까?

"의상 품목 중에서 하이힐만큼이나 팔루스를 긍정하는 특성을 가지는 것은 없다"라고 윌리엄 A. 로시William A. Rossi가 자신의 책 『발과 구두의 성생활』The Sex Life of the Foot and the Shoe[28]에서 진술한다. 로시의 책이 분명 시대에 맞지 않고 페미니즘적이지 않다고 하더라도, 나는 그 책에서 보여준 하이힐에 대한 열정과 그 열정이 "팔루스를 긍정하는 특성"이라고 할 만한 것의 대체적인 윤곽을 보여주는 방식에 가치를 둔다. 개먼이 소환한, 팔루스의 대체물로 하이힐을 읽는 당시의 지배적인 독법은 바로 대체물로서의 여성의 구두가 여성의 페니스 없음을 표시한다고 보는 것, 즉 팔루스의 부정적 특성이라 할 수 있을 것이다. 반면에 개먼의 "팔루스적 여성"은 결코 결핍을 뜻하는 것이 아닌, 팔루스 긍정의 예가 될 수 있다.

개먼과 마찬가지로 로시 역시 진짜 하이힐 애호가인 듯 보인다. 로시의 책을 보면 하이힐은 그것을 착용하는 사람에게나 그것을 숭배하는 사람에게나 현저하게 팔루스적 효과를 내고 있음을 볼 수 있다. 로시는 닥터 울러스탬Dr. Ullerstam의 다음 진술을 인용한다. "하이힐 부츠의 여성 패션이 유행할 때, 많은 남성이 발기된 상태로 길거리를 걷는다."[29] "많은 남성", "발기된 상태", 이는 분명 과장된 표현이다. 로시의 열정적 과장은 단순히 남성에게 영향을 미친 하이힐의 효과에만 제한되지 않는다. "다이아몬드가 아닌 하이힐이 언제나 여자들의 가장 좋은 친구였다. 힐은 지금까지 패션이나 의류 품목 중 그 어떤 것이 이루어낸 것보다 더한 성심리적 고양을 이끌어냈다."[30] 울러스탬의 "발기된 상태"라는 표현만큼은 아니지만, "성심리적 고양"도 나에게는 팔루스적인 표현으로 들린다. "의류 … 품목 중 그 어떤 것이 이루어낸 것보다 더한"이라는 표현은 로시의 "의상 품목 중에서 하이힐만큼이나 팔루스를 긍정하는 특성을 가지는 것은 없다"라는 문장을 떠올린다. 로시의 열광적 표현에서 하이힐은 늘 '최고인 것'이다. 이 과장하는 부풀림을 팔루스적 수사로 부를 만하다.

개먼과 마찬가지로 나 역시 전통적인 정신분석학의 팔루스 개념이 여성의 성적 부적합성 개념, 이른바 거세 개념을 강화하는 방식에 대해 너무나 잘 알고 있다. 나는 로시의 의견을 따라 팔루스에 대한 다른 개념, 팔루스를 긍정하는 특성에 관심이 있다. 나는 팔루스 긍정의 특성을 개먼의 하이힐 신은 여성과 연결한다. 역설적으로 섹스와 권위 양쪽 모두를 실어 나르면서.

하지만 개먼의 하이힐 신은 "강한" 여성이 내게 매우 그럴 듯하게 팔루스적으로 보이는 이유는 그녀가 "운동화를 착용하고 시류에 뒤처졌다"는 신랄한 관점, 소위 하이힐 선망이라고 부를 수 있는 관점에서 생각한다는 점이다. 내가 그와 같은 표현을 썼을 때 나는 경험에서 우러나서 쓴 것이다. 나의 이야기에서 하이힐을 착용하지 못하는 것이 거세처럼 느껴지기 때문에 나는 하이힐을 신은 여성이 팔루스적이라고 생각한다.

. . .

개먼, 로시, 워버브닉 덕분에 나는 하이힐이 얼마나 팔루스적인 것인지 개념화할 수 있었다. 힐이 누군가에게 팔루스적으로 느껴질 수 있다는 관념은 내 이야기를 이해하는 데, 다시 말해 힐을 착용할 수 있는 능력의 상실이 어떻게 거세된 감정을 느끼게 하는지를 이해하는 데 매우 중요하기 때문에 나는 힐에 관심을 두게 되었다. 개먼과 워버브닉은 페미니스트 사상가이며, 로시와 개먼은 정신분석 이론을 이용한다. 이들 하이힐 이론가 중 한 사람도 크립의 관점을 갖고 있지 않지만, 힐에 대한 이들 세 명의 토론 중에 장애 이슈가 등장하는 순간이 한 번 있다. 이 부분으로 인해 나는 하이힐에 대해 크립의 관점도 적용할 수 있다는 생각이 들었다.

워버브닉에게 장애는 일반적으로 하이힐과 여성이 맺은 '역설적인' 관계의 마지막 국면이다. "하이힐의 독법들은 꽤 역설적이다. 하지만 또 다른 황당한 예는 통증과 의료적 손상의 문제를 수반한다. … 여성들이 건강상의 위험 때문에 하이힐을 포기하는 것이 아니라 그것의 상징적 혜택을 누리기 위해 불편함, 통증, 육체적 손상을 견뎌낸다."[31]

워버브닉은 하이힐에 대한 여성의 역설적 관계에 난처해하지만 로시는 하이힐의 섹시함에 열광하며 그 역설을 진심으로 수용한다. "미국의료협회, 미국발병학협회, 국가안전위원회, 그 외 다양한 권위 있는 단체가 … 하이힐 착용의 위험성을 경고하는 의견을 공식적으로 발표했다. … 언제나처럼 이들 선의의 대변자들은 여성 심리의 현실과는 동떨어져 있다. 용감한 군인이 전쟁에서 기꺼이 목숨을 바치듯이, 여성은 성적 매력을 위한 다년간의 전투에서 기꺼이 위험을 감수하며 모든 위험과 경고를 무시한다."[32] 로시는 의료 당국의 조언을 당차게 조롱하면서 하이힐 착용 여성을 영웅으로 만든다.

장애의 위험 또한 1970년대 페미니스트의 하이힐 대응에 대한 개먼의 언급에 등장한다. "페미니스트들은 하이힐에 대해 매우 냉담했고, 그들 중 많은 수의 페미니스트는 하이힐이 … 그야말로 여성을 불구로 만드는 데 연관된다고 생각했다." 1970년대의 페미니스트는 하이힐을 여성의 종속에 협력하는 것으로 보는 데 그치지 않았다. 그들은 하이힐과 휠체어를 연루시켰다.

나는 70년대 페미니스트였다. 하지만 하이힐이 여성의 종속을 의미한다는 그들의 생각을 비웃었다. 그리고 90년대 페미니스트의 하이힐 수용을 환영했다. 설령 그때 내가 하이힐을 더 신을 수 없게 되었어도 말이다. 페미니스트가 하이힐과 휠체어를 연루시키는 데 대해 나는 쉽게 비웃을 수 없다. 내 이야기에서 나는 하이힐을 벗고 운동화를 신을 뿐만 아니라 결국 휠체어에 앉는 신세가 되었고, 팔루스를 긍정하는 주제에서 거세된 존재로 하강한다. 이전에 한 번도 내가 그토록 아끼는 하이힐 때문에 내 발에 문제가 생길 가능성을 고려해본 적이 없다.[33]

개먼은 페미니즘과 하이힐의 역사에 장애와 관련된 언급을 추가한다. 하이힐에 대한 페미니스트의 거부 입장을 예로 들기 위해 개먼은 수전 브라운밀러Susan Brownmiller의 책 『여성성』Femininity의 일부를 인용한다. "여성 구두는 그저 단순한 보행 행위일 것에 품위와 자기의식의 새로운 문제를 부과하며, 또한 이 교묘한 핸디캡에는 복종과 상상의 매력이 있다."[34] 이는 앞에 나온 개먼의 어구 "여성을 불구로 만드는 것", 워버브닉의 표현처럼 하이힐 착용이 "육체적 손상"을 일으킴을 암시하는 것과는 다르다. 브라운밀러의 "교묘한 핸디캡"은 하이힐 착용이 마치 핸디캡이 있는 것처럼 보이게 하고 있음을 시사하며, 하이힐만 아니면 걸을 수 있는 여성이 하이힐 때문에 마치 이동에 문제가 있는 여성처럼 보이게 만든다.

교묘한 핸디캡이라는 이 생각에 나는 도착적으로 주목하게 된다. 설령 "교묘한"artful이 여기서 진짜가 아닌 인위적이라는 의미일지라도 그것은 또한 미학적 성취, 아름다움을 시사하기도 한다. 브라운밀러의 교묘한 핸디캡은 단순히 장애와 "복종"만을 함축하지 않고 거기다 장애와 "상상의 매력"까지도 함축한다. 그녀는 이 핸디캡을 매력적인 것, 즉 유혹적이고 섹시한 것으로 보는 누군가(그녀가 아닌)를 상상한다. 나는 브라운밀러의 어구에 대한 장애 관점 읽기를 상상해본다.

앞선 나의 이야기에서는 장애 때문에 내가 하이힐을 못 신게 된다. 그리고 하이힐(개먼의 표현처럼, "운동화를 착용해서 뒤처졌다")을 신을 수 없다는 점이 마치 핸디캡과 같은 것으로 보인다. 장애 때문에 하이힐을 착용할 수 없는 것은 나를 섹시해 보이지 않도록 한다. 한편, 브라운밀러의 관점에서 하이힐 착용은 그 자체로 섹시한, 핸디캡이 있는 걸음걸이를 만들어낸다. 브라운밀러에게 교묘한 핸디캡이란 분명 나쁜 것이지만, 여성 구두를 사랑하는 사람으로서, 그리고 "단순한 보행 행위"인 걷기를 할 수 없는 사람으로서 나는 이 교묘한 핸디캡이란 표현을 약간 비틀어 불구의 의미를 추가해서 글을 쓰고자 한다. 이 어구는 하이힐과 휠체어가 내게 어떤 기교, 매력, 섹시함을 끌어낼 수 있을지 상상하도록 해준다.

## 젠더와 장애

수전 브라운밀러는 여성화를 신고 걷는 것과 "그저 단순한 보행 행위일 것"을 대립시켜 규범적 이동성의 이미지를 불러내고 그것을 젠더화된 걷기와 대조시킨다. 브라운밀러의 급진적 페미니스트 관점에서 볼 때 정상적 이동성에는 젠더 차이가 없으며, 여성적 걷기는 "핸디캡"이 된다. 그러나 크립 이론을 차용해서 읽으면 좀 다른 관점이 생긴다. 즉 규범적 걷기는 젠더화되어 있으며, 장애는 젠더 관련 문제gender trouble를 일으킨다.

퀴어 관점과 장애 관점의 결합을 보여주는 초기 책 중에서 일라이 클레어의 『망명과 자긍심』이 지금은 크립 이론의 고전이 되었다. 클레어는 특히 젠더와 걸음걸이의 주제에 대해 다음과 같이 진술한다. "젠더를 정의하는 데 일조하는 매너리즘—사람이 걷거나 엉덩이를 흔들고 … 몸으로 공간을 차지하는 방식들—은 모두 비장애인이 움직이는 모양에 기초한다. 목발을 잡고 걷는 여자는 여느 '여자'처럼 걷지 않으며, 휠체어를 사용하는 남자는 … 여느 '남자'처럼 이동하지 않는다. 젠더의 구성이란 남자의 신체와 여자의 신체뿐만 아니라 비장애인 신체에 따라서도 달라진다."[35]

클레어의 표현인 "사람이 걷거나 엉덩이를 흔드는 모양들"이라는 표현을 읽고 나면, 리바 레러의 표현인 "그녀의 몸은 … 흔들리기 마련이다. … 출렁대기도 한다"라는 표현을 생각하게 된다. 장애의 몸이 젠더 규범에서 배제되는 것을 의식한 레러는 이것이 어떻게 페미니스트의 한 가지 의견과 상충되는지 분명히 언급한다. "여성 연구는 엄격한 젠더 분류 때문에 발생하는 피해를 직시하도록 우리에게 가르친다. 하지만 여러분이 자격 미달이라는 이유로 그 분류 안에 포함되지 않고 있음이 분명할 때는 젠더화되지 않아서 발생하는 또 다른 혼돈과 상처가 존재한다. 장애 여성은 자신의 젠더가 재빨리 지워지는 것에 맞서서 지속적으로 젠더를 주장해야 한다."[36]

클레어와 레러는 글을 통해 본인들이 평생 비규범적인 보행인이었다는 사적인 이야기를 충분히 전한다. 특히 둘 다 페미니스트 이론에 정통하기 때문에, 젠더 규범에서 배제된 자신들의 경험을 바탕으로 젠더에 대해 특별히 가치 있는 고찰에 이른다. 둘은 엄격한 젠더화에 관한 페미니스트적 비판의 중요성을 인식하지만 동시에 장애인의 젠더 관련 문제의 관점에서 젠더화를 확대하고 수정하기를 주장한다. 클레어와 레러의 예는 젠더와 규범적 보행 사이의 관계를 규명하는 데는 내게 매우 소중하지만, 장애의 시간성 측면에서는 약간 다르다. 내 이야기를 이해하기 위해서는 성인이 되어 장애 젠더 문제를 겪은 작가들, 다시 말하자면, 이미 형성된 젠더 정체성의 파괴를 겪은 작가들이 더 끌린다.

여기서 세 명의 작가를 예로 들려 한다. 그들이 나의 이야기와 똑같은 장애 시간성을 표현하기 때문만이 아니라 장애 때문에 위험에 처한, 젠더 정체성이 남자-여자가 아닌, 나처럼 부치-펨butch-femme이기 때문이다. (나는 이렇게 썼다. "그때 나는 내가 부치butch라면 좋겠다거나 혹은 이 신발 때문에 부치로 보이면 더 좋겠다고 생각했던 것으로 기억한다.")

1992년에 출판된 부치-펨 글 모음집에서 휠체어 사용과 펨 정체성에 관해 매리 프랜시스 플랫Mary Frances Platt이 쓴 글을 보았다. "사람들의 삶이 바뀌듯이, 내 삶도 바뀌었다. 처음에는 천천히 그리고 점점 더 극적으로. 요통이 반복되고 이동은 제한되고. … 이동성이 줄어들자 곧 … 나는 … 세 바퀴 동력의 휠체어를 타기 시작했다. 장애가 점점 심해질수록 나는 펨으로서의 나의 성적 자아가 비장애인 형상으로 표현되던 방식을 점점 더 그리워하게 되었다."[37]

그녀의 이야기 속 시간성이 나의 이야기를 소환해낸다. 예를 들면 그녀의 삶은 "바뀌었다." 휠체어로 끝나는 느린 쇠퇴의 이야기로 말이다. 플랫이 글의 제목을 「다시 … 펨을 주장하기」Reclaiming Femme . . . Again로 지은 이유는 이전 고난의 반복이기도 한, 장애가 생긴 후에 펨 정체성을 주장하는 일이 매우 어려운 것임을 표현하려 했기 때문이다. "70년대 백인 페미니즘 안에서 나는 손톱을 짧게 하고 머리칼은 짧게 다듬었다. 청바지와 바지와 하이탑 운동화도 착용했다. … 그러다가 마침내 내 존재의 조각들을 다시 끌어모아 대담하게 선언했다. '나는 노동자 계급 레즈비언 펨이야'라고. 사람들의 삶이 바뀌듯이 내 삶도 바뀌던 시절, 나는 유혹적인 펨 자아를 해방시키는 … 6년의 세월을 보냈다."[38] 장애로 인한 펨 정체성의 상실에 맞서 싸우는 일은 1970년대 페미니스트들이 펨 정체성을 거부한 것에 대한 싸움의 반복처럼 여겨진다.

나는 (하이탑 운동화는 말할 것도 없이) 70년대 페미니즘과 플랫의 관계 그리고 그녀의 '펨 자아'에 대한 그리움에 모두 공감한다. 그러나 그중에서도 그녀의 글에서 가장 마음에 드는 부분은 휠체어 이미지를 그녀가 섹시하게 비틀어낸 부분이다. "나는 현재 성적 이단자들과 좀 더 어울려 다닌다—당신도 알다시피 다리 사이의 바퀴와 크롬 도금을 흥미로운 무언가로 보는 오토바이 탄 레즈비언들 말이다."[39]

몇 년 후 장애에 관한 레즈비언의 글쓰기 모음집이 출판되었고, 그 모음집 중 하나가 장애 때문에 위기에 처한 펨 정체성의 이야기를 하고 있다. 플랫과 마찬가지로 섀런 웩슬러Sharron Wachsler는 만성 피로 면역 기능 장애 증후군을 앓고 있다. 거기다 그녀는 다중 화학 민감성까지 지닌 상태다. 그녀가 설령 자신의 펨 정체성에 비슷한 위협을 느끼지만 그것은 이동성 문제 때문이 아니다. "내가 펨 정체성의 표지들을 모두 잃어버렸을 때 나는 간절히 그 표지들을 그리워했으며 내가 아직 펨인지가 의심스럽기도 했다. 나를 가장 힘들게 한 상실 중 하나는 바로 화장, 특히 립스틱이었다."[40]

내 이야기가 립스틱이 아닌 하이힐에 관한 내용이긴 하지만, 웩슬러가 겪은 상실이 젠더 정체성과의 투쟁으로 몰아넣는 지점에서 나는 비슷한 동력을 인지하게 되었다. 젠더 정체성을 위협하는 상실, 바로 이것을 내가 거세라고 보는 것이다. 고전 정신분석 이론에서 거세가 남성성의 상실이라면, 이번 레즈비언 펨의 글은 여성성의 상실을 거세로 경험할 수 있음을 시사한다.

웩슬러는 장애에 직면한 또 다른 레즈비언 이야기를 서두로 그녀의 딜레마에 관한 이야기를 시작한다. "고통과 장애의 깊고 탁한 물속으로" 추락하기 일 년 전에 웩슬러는 게이 레즈비언 건강센터에서 매달 펨/부치 토론에 참가했다. "특히 은은한 빨강색 머리의 한 여성이 생각난다. 그녀는 장애가 있으며 그것 때문에 부치 정체성을 의심하게 되었다고 했다. 부치는 '내가 해줄게, 허니'라고 말하는 사람 … 적극적으로 나서는 사람do-er이어야 하는 거 아닌가요? … 이에 나는 '당신이 펨이라면 그건 문제가 안 되죠'라고 생각했었다."[41]

물론 마지막 문장은 아이러니하다. 이 과거 회상은 웩슬러의 펨 정체성에 장애가 제기하는 문제의 서두다. 하지만 "당신이 펨이라면 그건 문제가 안 되죠" 역시 사실이다. 만일 여기서 "그건"의 의미가 장애와 "적극적으로 나서는 사람"의 관계를 뜻한다면 말이다. 부치와 펨이 장애에 대한 반응으로 거세 불안을 경험할 때, 우리의 특정 불안은 팔루스가 되는 것에 대한 젠더 차이의 방식을 가리킨다. 고전 정신분석 이론에서 남성성은 팔루스를 갖는 것having과 관계된 것임을 제안하지만, 여성성은 팔루스가 되는 것being과 관계된다고 본다. 레즈비언의 글을 통해 우리가 에둘러 말하는 것은 그것[팔루스가 되는 것]을 다음과 같이 수정할 수 있다. 즉 펨은 외모 때문에, 부치는 행위 때문에 팔루스와 관계된다.

2003년, 퀴어 이론 저널 『지엘큐』GLQ에 장애 연구에 관한 특집호가 실렸는데, 거기에서 장애에 대한 부치의 감동적인 이야기가 소개되었다. 이 놀라운 글은 분명 부치가 "적극적으로 나서는 사람"이라는 의미에서 웩슬러의 빨강 머리 부치의 반복이다. 그러나 웩슬러의 부치가 "해줄게, 허니"처럼 기사도적인 것을 '행동'한다면, S. 나오미 핑켈스타인S. Naomi Finkelstein의 글에서 부치의 '행위'는 분명하고 생생하게 성적이다. "내가 손이 없다면 어떻게 부치가 될 수 있겠어? 그래서 근육이 떨리면 어떻게 성교를 할 수 있겠냐고? … 지금까지 최악의 경험 중 하나는 … 음부든 항문이든 내가 했던 대로 감각을 느낄 수 없는 것, 혹은 그녀의 클리토리스 부위를 능숙하게 다룰 수 없는 것이다. 고개 숙여 빨거나 손가락을 넣을 수 없는 것이다."[42]

핑켈스타인의 글이 실린 『지엘큐』 특집호의 제목은 '욕망하는 장애'Desiring Disability다. 장애의 자리에 욕망을 불러내겠다는 약속을 하는 제목이라서 마음에 든다. 평소의 두 배 정도 분량으로 풍성하게 꾸민 특집호에서 핑켈스타인의 글이 이 제목의 의미를 가장 잘 담고 있다. 그래서 그 글을 많이 인용하고 싶은 유혹에 빠진다. 글의 서두부터 노골적으로 성적이다. "그녀는 내 침대에 엉덩이를 위로 향한 채 누워 있다. 아이고, 하느님 맙소사. 나는 그 엉덩이가 너무 좋다. 그녀는 나를 위해 자신을 한껏 열어놓았다. … 내 손가락을 그녀의 엉덩이 안으로 밖으로 빠르게, 더 빠르게 움직인다. 그녀는 신음하고 나를 향해 좀 더 열어놓는다."[43] "아이고, 하느님 맙소사"라는 감탄사는 핑켈스타인의 욕망의 자리에서 나온 발화다.[44]

두 쪽 분량의 하드코어한 성행위 묘사 후에, 장애가 불청객처럼 등장한다. "우리 둘이 원하는 만큼 힘껏 내가 그녀에게 그것을 해줄 수 있다면 … 나는 바로 그것을 하고 있다. … 목의 세 개 뼈가 척추를 밀어내는 통에 내 팔은 불편한 각도로 떨어져 있다. 내 몸이 떨기 시작한다. … 팔과 손은 마비된다. … 난 아직 그녀에게 그것을 하고 있다. … 그러나 그녀를 더 느낄 수 없고, 내 목은 고통으로 비명을 지르고 있다." 그런데도 핑켈스타인은 펨이 오르가즘에 이르도록 한다. "내 등에 경련이 오지만 무시한다. 나는 이 악물고 그 일을 끝낸다. … 그녀가 오르가즘에 이르고 … 그녀도 끝낸다."

부치의 고통을 상세히 묘사하는데도 그 에피소드는 마지막 문단을 제외하고 섹시하다. 이야기는 다음과 같이 마무리된다. "그녀가 쉬는 동안 난 근육 완화제를 먹으러 욕실로 갔다가 얼음주머니를 가지러 부엌에 간다. … 다음날 나는 타라돌 때문에 응급실에 가야 한다. 소염제 타라돌이 구역질과 설사를 유발하기 때문에 이틀 동안 아무것도 먹을 수가 없게 된다. 그래도 그것이 붓기를 가라앉게 한다."[45]

이야기의 끝은 문자 그대로 맥이 빠지지만, 그 끝이 핑켈스타인의 글 전체의 끝은 아니다. 매우 강력한 그 일화는 전체 글의 4분의 1 정도를 차지한다. 나머지는 '부치 장애인'으로서 자신의 삶에 관한 생각을 담고 있으며, 장애에 대한 솔직담백함뿐만 아니라 결코 멈추지 않는 섹슈얼리티, 지속적인 욕망의 주장을 담고 있다.[46] 플랫과 웩슬러처럼 핑켈스타인은 장애를 젠더 정체성에 대한 위협으로 경험한다. 그러나—어쩌면 그녀의 정체성이 펨이 아닌 부치이기 때문에—그 위협을 거세로 생각하는 것이 더 쉬울지 모른다. "어떻게 부치가 자신의 몸이 비협조적일 때 부치로 여겨질 수 있겠는가? 나는 내 병 때문에 거세되었다고 느꼈다."[47] 성인이 되고 생긴 후발 장애가 팔루스에 영향을 미치는 방식을 추적함과 동시에 팔루스의 시간성을 생각해보려 하는 내게 핑켈스타인의 책은 특히 소중하다.

플랫처럼 핑켈스타인도 장애가 젠더 정체성에 일으킬 위협을 반복적인 것으로 경험한다. 이전에 언급했듯이 플랫이 「다시 … 펨을 주장하기」라고 제목을 붙이는 것은 장애 때문에 정체성이 위협받는 것을 1970년대 페미니스트의 펨 거부와 유사한 것으로 만든다. 핑켈스타인은 사회에서 부치 여성이 거부되는 점을 장애로 인한 위협에 연결한다. 예를 들면, "나는 부치가 되는 데 많은 대가를 지불했다. … 제길. 부치가 되기 위해 한 번 이상은 죽음이나 다름없는 것을 당했다. … 지독히도 여자를 사랑하고 그들 사이에 있고자 했기 때문에 이런 처벌을 견디며 부치로 살아왔다. … 하지만 내 손이 없다면 어찌 부치로 살 수 있었을까? … 어쨌든 나는 견뎌냈다. 그런데 부치로 살 능력을 잃게 되는 상황에 부딪히면? 빌어먹을, 농담도 심하지."[48]

플랫과 핑켈스타인이 제시한 시간성은 흥미롭다. 그들의 설명을 보면, 장애가 젠더를 위협하는 것은 반복되는 일이다. 그들은 장애가 생기기 이전에 이미 비슷한 위협을 받았다. 그리고 장애가 생긴 후 비슷한 위협이 반복될 때 그들은 **다시금**—플랫이 표현한 대로—젠더를 **재**주장한다.

플랫과 핑켈스타인은 자신들의 욕망을 선언하는 것으로 각자의 글을 끝맺는다. 핑켈스타인은 다음과 같이 마무리 짓는다. "그들은 아무것도 하지 않았다. … 혹은 아무 일도 일어나지 않았다. … 길거리도 학대도 … 불구가 되는 것도 … 그것을 없애지 못한다. 나의 욕망은 그대로다. … 날것 그대로 … 욕망의 아름다움과 … 길들지 않은 소망은 아직도 내 목을 날카롭고 건조하게 만들며, 그것은 영광의 맛이다." 플랫은 끝맺는다. "이제 나의 펨 자아가 다시 살아난다. … 장애를 지닌 이 레즈비언 펨 자아는 현명하고, 거칠며, 축축하고, 원한다."[49] 나는 "다시 살아난다"를 팔루스적 시간성의 표시라고, 팔루스적 시간성을 반복으로서 드러내는 것이라고 읽는다. 레즈비언 젠더와 성인이 되어 생긴 후발 장애 이야기는 거세에 관한 것이기는 하지만 영구적인 거세의 이야기는 아니다. 팔루스를 상실하고 후에 그것을 다시 찾는 반복("다시 살아난다")의 시간성을 담고 있다.

핑켈스타인의 글에서 이미 많은 부분을 인용했지만, 그녀의 이야기에서 한 가지 꼭 더 언급할 것이 있다. 그녀는 펨 오르가즘의 신체적 표현을 상세히 묘사한 후에 "내 마음의 눈으로는 그녀가 절정에 오를 때 내 페니스가 사정하고 나는 엄청난 쾌락을 느낀다."[50] 내가 글을 읽는 동안 "내 마음의 눈으로는 내 페니스가 사정"하는 것과 같은 것을 상기하진 않았다. 그런데 이 표현은 정확히 내 이야기 마지막에서 표현했던 것과 너무나 비슷하며, 상상 속에서 페니스에 관해 이야기하는 다른 누군가를 만나는 것이 내게는 큰 의미가 있다. 바로 이 때문에 팔루스의 양식을 이해하려는 시도에서 나는 핑켈스타인에게 큰 의미를 부여하고자 한다.

## 휠체어에서의 팔루스

핑켈스타인의 상상 속에서 사정하는 페니스는 내 이야기의 결말을 떠올리게 한다. 초반에 언급했듯이, 나는 내 이야기의 시간성에 특히 관심이 있다. 즉 거세 이야기처럼 보이는 것이 어째서 그와 같이 팔루스적인 결말을 보일 수 있는지에 관심이 있다. 내 이야기가 플랫, 웩슬러, 핑켈스타인의 글과 같은 장르에 들어갈 수 있음을 알 수 있다. 이 모두가 후발 장애 이야기를 거세의 관점에서 보고 있으며 욕망의 지속을 긍정하는 것으로 책을 끝맺는다. 나는 이러한 팔루스적 시간성을 표준적인 시간성, 즉 한번 거세되면 영원히 거세되는 시간성과 대조하고 싶다.

후발 장애에 대한 표준적인 거세 서사는 D. H. 로렌스의 『채털리 부인의 연인』에서 볼 수 있다. 내가 돌연 휠체어에서 팔루스를 발견하고 기뻐했다면, 그것은 분명 로렌스의 소설 속 팔루스적 주인공인 멜러즈의 상대 채털리 백작에 대해 문화적으로 공명했기 때문일 것이다. 소설의 이어지는 두 장에서 클리퍼드 채털리의 바퀴 달린 이동 장치를 지나치게 강조하는 일종의 징후가 같은 문장의 반복으로 명확히 드러난다. 예를 들면, "그는 바퀴 달린 의자에 앉아 돌아다니며 작은 모터가 달린 환자용 의자도 갖고 있었다. 그래서 천천히 정원과 … 공원을 돌아다닐 수 있었다."(1장) 혹은 "그는 바퀴 달린 의자에 앉아 혼자 돌아다닐 수 있었으며, 모터 달린 환자용 의자에 앉아 공원을 천천히 씩씩대며 다닐 수 있었다."(2장)[51] 『채털리 부인의 연인』은 채털리 백작을 생각할 때마다 휠체어에 앉은 그를 떠올리도록 되어 있다.

나는 휠체어 속 팔루스의 약속에 주목하고 싶어서, 지나치게 규범적인 섹슈얼리티를 재현하는 진정한 보물과 같은 작품이라 할 수 있는 로렌스의 소설로 돌아가고자 한다. 나는 이 소설이 시간성을 강조하고 있음을 발견했다. 예를 들면 2장이 다음과 같이 끝을 맺는다. "시간은 흘렀다. 어떤 일이 일어나든, 아무 일도 일어나지 않았다. … 시계가 째깍째깍 가듯이, 시간도 그렇게 흘렀다. 7시 30분 대신에 8시 35분으로."(17) 『채털리 부인의 연인』의 시간 차원을 탐구해보면, 팔루스의 규범적 시간성을 공식화할 수 있을 것이며 대안적 팔루스 시간성들의 윤곽을 그릴 수도 있을 것이다.

『채털리 부인의 연인』은 팔루스적 섹슈얼리티를 가장 규범적으로 해석한 소설이다. 여자 주인공이 팔루스적 남자에게 자신을 맡기고 임신한다. 그녀가 전쟁 중에 부상당한 남편을 거부하는 이유가 그녀에게 아이를 줄 수 없기 때문이라는 점은 곳곳에서 그리고 반복적으로 언급되었다. 이 소설은 매우 노골적인 성애 장면 때문에 1928년에 추문을 낳긴 했지만 생식적 섹슈얼리티의 우월성에 바치는 찬가라 할 수 있다.

『채털리 부인의 연인』의 규범적인 팔루스를 레즈비언 글쓰기에서 발견한 대안적인 퀴어 팔루스와 병치시켜 보는 것이 내게는 정말로 흥미로운 일이다. 소설의 팔루스적 주인공인 멜러즈가 실은 레즈비언들에게 특별한 적의를 표현한다. "의식적으로든 무의식적으로든 레즈비언 여성들이 어떤지는 놀랍다. 내게 여성들은 거의 모두 레즈비언인 듯하다. … 그들을 죽일 수도 있을 것 같다. 진정으로 레즈비언인 여성과 함께할 때 나는 마음속으로 악을 쓰며 그녀를 죽이고 싶은 마음이 든다."(223) 이 같은 언급들 때문에 소설의 처음부터 끝까지 팔루스의 이름으로 규범적이고 생식적인 섹슈얼리티에 영향을 미치는 멜러즈 대신, 나는 기꺼이 핑켈스타인의 레즈비언 크립-부치 cripbutch의 머릿속에 팔루스를 놓을 것이다.

『채털리 부인의 연인』을 향한 약간의 복수 욕구가 내게 있음을 인정한다. 1960년대 십 대 소녀로서 나는 성 혁명의 유행을 따르려고 이 책을 읽었다. 이 책을 읽는 것으로 성 해방을 달성하는 것 같았고, 동시에 나는 무언가 완전히 부적절해지는 느낌이 들었다. 왜냐하면 놀랍게도 나는 멜러즈가 끔찍이도 싫어했던 그 모든 여성, 문자 그대로 ('의식적으로') 레즈비언이어서가 아니라, 멜러즈의 팔루스적 진격에 적절히 혹은 보완적으로 대응하는 여성이 아니어서다. 수십 년이 흘러 휠체어에 있는 나 자신을 발견했을 때에야 나는 채털리 백작을 살펴보려고, 또한 그의 장애가 규범적 섹슈얼리티의 표현에서 어떻게 묘사되는지가 궁금해서 이 책으로 돌아올 생각을 하게 되었다. 이 책으로 돌아오자 비로소 나는 장애를 거세로 보는 규범적 관점보다 거세를 하나의 시간적 양식으로 강조하는 의미를 발견했다.

소설은 다음과 같이 시작된다. "우리 시대는 본질적으로 비극의 시대다. … 대혼돈이 일어났으며, 우리는 폐허 속에 있다. … 콘스턴스 채털리의 위치가 다소 이렇다. 전쟁이 그녀의 머리 위 지붕을 무너뜨렸다."(1) 우리는 이 문장을 세계대전의 결과에 대한 고전적인 모더니스트의 감각으로 인정할 수도 있다. 또한 이는 내가 고전적인 거세의 시간성이라고 칭하는 것이기도 하다. 소설은 바로 이 지점에 다른 인물이나 행동을 소개하기 전에 여주인공과 독자의 위치를 설정한다.

소설의 첫 문장들에서 너무도 빨리 비극, 즉 대혼돈이 벌어지는 듯하고, 그것은 채털리 부인의 남편에게 일어난 일을 구체적으로 지시하는 것이 분명해진다. 바로 다음 문단에서 "그녀는 1917년에 클리퍼드 채털리와 결혼했다. … 그 후 그는 플랑드르로 돌아갔다. 다시 영국으로 배를 타고 돌아와 … 산산이 부서진 … 하반신 엉덩이 아래가 영구 마비되었다. … 영구 불구가 된 몸으로 결코 아이를 가질 수도 없음을 알고 클리퍼드는 귀향했다."

영구 마비, 영구 불구. '영구함'은 시간의 표현이다. 거기다 "결코 아이를 가질 수도 없음"의 "결코" 역시 시간의 표현이다. 전쟁 중 입은 부상 때문에 클리퍼드는 아버지가 될 수 없다. 이 사실이 채털리 부인과 책의 관점에 미친 효과는 "우리 시대는 본질적으로 비극의 시대다"라는 보편적인 인식이다. 화자가 "우리는 폐허 속에 있다"라고 말할 때, 그 폐허는 "산산이 부서진" 클리퍼드에 대한 묘사에서 추정될 수 있다.[52]

'영구함'의 비극적인 의미는 마거릿 모건로스 걸레트가 쇠퇴 이야기라고 칭하는 것이다. 쇠퇴 이야기의 예를 들기 위해 걸레트는 담석증 수술 이후 정신 상태를 쓴 제럴드 얼리Gerald Early의 글을 인용한다. "나는 그때, 그 가혹한 순간에, 마침내 중년에 다다름을 알았다."[53] "그 가혹한 순간에", "마침내"의 이런 표현은 걸레트의 쇠퇴 이야기의 표지, 즉 내가 고전적인 거세 시간성이라고 부르는 비극의 표지다.

걸레트는 쇠퇴를 중년에 접어드는 것, 비극적 몰락으로 이해되는 것으로 논의한다. 그러나 클리퍼드 채털리의 하반신 마비는 고작 스물일곱 살에 일어난 일이며, 그의 이야기는 노화에 관한 것이 아니라, 보행 불능, 직립 불능, 아버지 되기 불능에 관한 것이다. 이러한 불능이 틀림없이 두 가지 다른 상실의 양상이기도 하지만, 내가 여기서 강조하고자 하는 것은 그것들이 똑같은 시간성, 다시 말해 '영구함'의 시간성을 통해서 만난다는 점이다. 중년에 접어듦과 마찬가지로 성인이 된 후에 발생하는 장애는 '영구함'의 극적인 시간성을 경유하면서 형성된다.

중년과 장애는 상실의 두 가지 다른 양상일 수 있지만, 많은 사람이 사실 이 둘을 동시에 경험한다. 걸레트 자신의 사적인 이야기도 등에 입은 부상에 관한 것이면서 동시에 중년으로의 진입을 예고하는 것으로서의 만성적인 요통에 관한 것이다. 나의 이야기도 마찬가지로 장애가 시작되는 것 혹은 젊음이 끝나는 것으로 읽을 수 있다. 핑켈스타인이 자신의 상실을 장애로 범주화하면서도, 중년이 되어가는 것에 관한 것까지도 자신의 이야기에 포함한다. "30대 부치로서의 나와 거의 40이 되어가는 부치로서의 나 사이에 있는 차이가 바로 그것이다."[54] 한편, 얼리가 중년에 진입하는 것을 상실로 범주화하면서도 사실은 질병과 입원의 경험을 주로 쓰고 있다. 걸레트가 어떤 시간성의 지배라고 할 수 있는 쇠퇴 이야기의 특징은 사실 장애가 젊음의 상실에 집요하게 엉키는 문제다. 나는 여기서 이 삼각 구도의 세 번째 변, 즉 성적인 힘, 매력, 섹슈얼리티가 상실되는 것으로서 거세를 추가하려 한다.

걸레트는 쇠퇴 이데올로기에 저항하는 노력으로서 얼리의 이야기를 그와 같은 냉혹한 시간성에 남겨두지 않는다. 그녀는 다음과 같이 보완한다. "때맞춰 얼리는 가르치는 일과 즐거운 글쓰기 일을 하면서 건강을 되찾았다. 그가 비록 그런 것들을 언급하지는 않지만, 완전히 절망에 빠져들지는 않았음을 보여주려 한다. … 어쩌면 그에게는 다음과 같이 쓰는 일이 좀 더 진실된 것이었을지도 모른다. '그 고통의 순간에 중년의 나이가 내게 영원한 비극이 될 것이라 느꼈지만, 내가 틀렸다'고."

걸레트가 얼리에 대해 사실 "냉혹한 순간"이라고 선언했던 시기 이후 오히려 다양하고 충만한 삶을 살았다고 주장하는 것처럼, 나 역시 클리퍼드 채털리의 삶이 비극적 상실 이후에 어떠했는지를 생각하는 것으로 돌아가고 싶다. 특히 마비 이후의 섹슈얼리티를, 다시 말해 소설에서 휠체어에 있는 남자의 섹슈얼리티가 어떻게 묘사되는지를 보고 싶다.

소설의 마지막 장에서 그의 부인이 떠난 후, 부인이 멜러즈의 아이를 가진 후에—냉혹한 시간의 와중에—채털리 백작은 볼튼 부인의 보살핌을 받는다. 그들의 관계는 점점 더 성적인 것이 된다. 설령 소설이 이 '도착적인' 섹슈얼리티에 경멸의 시선을 보낸다고 하더라도. 나는 이 부분을 약간 인용하려 한다.

그는 그녀의 손을 잡고 머리를 그녀의 가슴에 기대곤 했다. 한번은 그녀가 가벼운 키스를 하자 그가 말하기를 "그래! 키스해줘! 키스해줘!" 그리고 그녀가 그의 커다랗고 하얀 몸을 부드럽게 스펀지로 문지를 때도 똑같은 말을 하곤 했다. "키스해줘!" 그러면 그녀는 그의 몸 어디든 얼마간 희롱하는 듯 가볍게 키스하곤 했다.

그리고 그는 기묘하고 멍한 표정으로 아이처럼 누워 있었다. … 그로서는 어른스러움은 접어두고 진짜로 도착적이고 유치한 자세로 돌아가는 그저 편안한 휴식이었다. 그리고 그때 그는 손을 그녀의 가슴에 대고, 느끼고, 황홀감으로 키스를 하곤 했다. 성인 남자가 아이처럼 행동하는 도착의 황홀감으로.(320)

화자는 "진짜로 도착적이고", "도착의 황홀감"과 같은 표현으로 강한 거부감을 표현한다. 그 거부감은 규범적인 섹슈얼리티의 관점에서 나온다. 이것이 성적이지 않다는 것이 아니며, "유치한" 섹슈얼리티, 즉 프로이트가 1928년 무렵에 성인의 생식적 섹슈얼리티와 비교 대조했던 유아기 섹슈얼리티라고 불렀던 그 유명한 것이다. 20세기 초에 프로이트는 도착적이고 유아기적인 섹슈얼리티의 상관관계를 정립했는데, 화자가 보이는 혐오의 관점에서 우리가 보고 있는 것이 바로 그것이다. 클리퍼드 채털리의 성생활이 없다는 의미가 아니다. 그의 성생활이 정상적이지 않다는 의미다.

여기서 "황홀감"이라는 단어가 두 번 반복되는 점, 그리고 흥분한 채털리를 인용하는 부분에서 그 모든 느낌표와 함께 몸이 앞서 나가는 점을 주목해보라("그래! 키스해줘!"). "황홀감"의 뜻은 이렇다.

'강렬하고, 종종 과도한 흥분과 행복의 상태 혹은 기분, 황홀경, 환희.' '**황홀감**과 **도취**, 이 둘은 극도의 개인적 행복감과 연관되지만, **황홀감**이 좀 더 강렬하면서도 **좀 더 고양된** 용어다.' 라틴어 '끌어올리다'exaltare에서 파생된 '**황홀케 하다**'exalt는 '위를 향해'와 '높이'가 합성된 표현이다.[55] '황홀감'은 강렬한 쾌락을 함축하지만, 동시에 수직성에 강조를 두는 어휘다. '끌어올리다'는 특히 휠체어에 앉은 남자, 일어설 수 없는 남자에 대한 설명이라 흥미롭다. 게다가 나는 그것이 '팔루스적'이라고 제안한다. 실상 나는 로렌스의 "황홀감, 도착의 황홀감"이 이 책에서 내가 휠체어의 팔루스라고 하는 것을 지시한다고 생각한다.

내가 보기에 로렌스의 이 구절은 성적이다. 어쩌면 나만의 생각일지 모르지만 그렇다고 나 혼자만의 생각은 아닐 것이다. 두 가슴을 맡기고 "그의 커다랗고 하얀 몸" **어디든 간에** 키스하는 볼튼 부인을 생각해보라. "볼튼 부인은 좋으면서 동시에 부끄러워했다. 그리고 그녀는 그것을 좋아하면서도 하고 싶지 않았다. … 그리고 그들은 좀 더 근접한 신체적 친밀성, 도착의 친밀성을 끌어낸다."(320-21) 설령 소설에서 그녀가 다소 모호하게 그려지지만, 그녀의 양면적 반응인 "좋으면서**도** 부끄러워"함은 그녀 역시 그것을 성적인 것으로 인지하고 성적으로 반응한다는 점을 암시한다.[56]

로렌스 소설의 지배적인 시간성은 세계대전에서 일어난 클리퍼드 채털리의 거세에서 시작해 냉혹한 쇠퇴로 이어진다. 소설이 진행되면서 그는 더 큰 상실을 겪고, 부인은 점점 그에게서 멀어지고, 부정을 저지르며 다른 남자의 아이를 가지면서 처음부터 피할 수 없는 상실을 맞이한다. 하지만 볼튼 부인과의 이 후반부 장면은 상실된 팔루스가 또 다른 장소에서 복구될 수 있는 시간성, 즉 다른 팔루스적 시간성을 시사한다. 아이가 아닌 '남자'의 것, 규범적 시간성, 여성에게 아이를 줄 수 있는 팔루스가 아니라 황홀케 하는 도착적 팔루스가 복원된다. 만일 생식적 섹슈얼리티의 규범적 장악으로부터 우리 자신을 풀어놓으면, 우리는 또 다른 팔루스적 시간성에, 즉 걸을 수 없음이나 설 수 없음 혹은 남자가 될 수 없음이 굳이 영원한 거세를 의미하지 않는 시간성에 들어설 수 있다. 그곳은 휠체어나 마음의 눈으로 팔루스가 다시 일어설 수 있는 곳이다.

## 이야기의 결말(재상연)

이번 챕터의 '젠더와 장애' 부문에서 논의된 후발 장애 부치-펨 이야기는 특수한 거세의 시간성을 증명해준다. 젠더와 섹슈얼리티는 반복해서 상실의 위협을 받는다. 그 상실이 파괴적이긴 하지만, 한 번의 반복으로서 경험되는 것이기에 영구적인 것으로 받아들여지지 않는다. 나는 이에 대해 팔루스가 영원히 상실되는 파국으로서의 규범적 시간성을 대신할 반가운 대안으로 기꺼이 받아들였다. 채털리 백작의 후발 장애는 이런 종류의 반복의 예가 **결코** 아니다. 채털리의 장애 이야기는 다른 시간성, 제3의 팔루스 시간성, 영구적인 거세도 반복도 아닌 시간성을 보여준다. 클리퍼드 채털리의 이야기는 고전적인 거세 이야기로 시작하지만, 마지막의 도착적인 비틀기가 있기 때문에 상실되었던 팔루스가 또 다른 장소, 적어도 그것을 기대할 수 있는 장소에 돌아온다. 이와 같은 제3의 시간성은 이번 장을 시작할 때 제시한 내 삶의 이야기에서 볼 수 있는 것과 같은 시간성이다.

이와 같은 제3의 시간성은 내가 앞서 언급했던 팔루스적 기습의 시간성이다. 내 이야기의 끝에 나오는 팔루스는 서사가 그 지점까지 더욱 심각한 상실, 오로지 쇠퇴만을 예견할 수 있도록 하기에 기습적인 사건이 된다. 또한 내 이야기의 끝에 등장하는 팔루스는 그것이 휠체어에, 즉 거세의 장소로 표시되는 장소에 나타나기 때문에 기습적인 것이 된다. 이것은 팔루스가 다시 나타날 때 이전의 것과 같은 것이 아니기에 반복은 아니다. 채털리 백작은 규범적이며 생식적인 팔루스를 잃는다. 그가 소설의 끝에서 찾는 것은 퀴어 팔루스다. 내 이야기에서 상실한 팔루스는 비장애 몸의 흥분한 펨('흥분'에 강조를 두었다)의 팔루스다. 이야기 끝에 나온 팔루스는 크립-부치cripbutch다.

나는 이 팔루스의 갑작스러운 출현을 전달하기 위해서, 그리고 영원한 거세일 필요가 없는 경이로움을 전하기 위해서 그 이야기를 썼다. 내가 그 이야기를 쓴 이유는 휠체어에서의 팔루스라는 개인적인 경험이 좀 더 퀴어한 팔루스와 대안적인 팔루스 시간성의 존재를 시사하기 때문이다.

설령 앞서 쓴 내 이야기가 휠체어 환상으로 결론이 나지만, 거기에서 다시 이야기가 시작된다고 말할 수 있는 것도 사실이다. 나는 갑자기 떠오른 환상에 스스로 너무나 놀라면서 그 이야기를 쓰게 되었다. 그 환상이 떠오른 후로 나는 강박적으로 환상 이전의 내 삶의 과정을 어떻게 펼쳐볼 수 있을지 생각해보며, 마지막 문단으로 이어지는 이전 장면들을 서서히 돌이켜보게 되었다.

이처럼 결말이 이야기를 지배하게 되는 일은 사실 서사 전체에 고루 펼쳐진 관점에 정확히 들어맞는다. 예컨대 피터 브룩스Peter Brooks의 유명한 공식에 따르면, "고전 서사는 … 중요한 발견이 이루어지는 순간인 결말에서 출발하여, 궁극적인 깨달음에 이르는 파노라마로서의 과거를 받아들이고 이해한다."[57] 서사가 결말에서 시작된다는 브룩스의 착상이나 결말을 계시와 같은 것으로 기술하는 점은 분명 내 이야기의 의미와도 조화를 이룬다. 물론 나는 서사의 나머지 부분이 단순히 "깨달음에 이르는 파노라마"는 아니라고 주장하지만, 결말이 매우 고전적으로—그래서 마지막 순간이 단순히 여러 순간 중 하나가 아니라 "궁극적인", 그러면서 최종적인 순간으로—작동한다는 사실은 다른 문제들을 제기한다.

그 결말이 이야기를 만족스러운 서사로 만들고, 또한 거세가 영구적이지 않다는 계시적인 놀람을 그 결말이 전달하지만, 이야기를 그렇게 고전적으로 끝내는 것은 규범적인 시간성의 다른 측면들을 소환한다. 비극에 대한 가장 규범적인 대안은 물론 행복한 결말이며, 내 이야기도 다소 고전적인 해피엔딩으로 끝난다. 그것도 안마 시술소* 방식으로만이 아니라 한 번의 마지막 결정적인 순간에 모든 앞선 문제를 해결하는 듯 보임으로써 말이다.

이 이야기를 읽은 독자 한 사람이 휠체어 환상을 "마지막 결정적인 순간"으로 "고정함으로써 얻게 된 것"에 관해 내게 물었다. 그는 그 환상이 이전의 상실에 대한 "안정적이며 최종적인 극복을 표시했는지" 혹은 그 환상이 "후에 나타났다 초점에서 벗어나게 된 성애적 권력의 잠재적 여파에 대한 길을 터주었는지"를 물었다.[58] 그의 질문에 대한 답변은 분명히 후자다. 그러나 이야기의 끝이 상실의 최종적인 극복을 제안할 수 있다는 그의 생각은 이 결말이 팔루스의 시간성에 관해 내가 제시하고 싶은 것을 어떻게 왜곡할 수 있는지를 분명히 보여준다. 나는 결코 영원불변한 거세의 비전을 팔루스의 영구성, 즉 "안정적이며 최종적인" 팔루스로 대체하고 싶지는 않다.

걸레트가 제럴드 얼리의 "최종적이면서 영구불변한" 순간을 서사 이후의 그의 삶에 대한 좀 더 균형 잡힌 의식으로 보완하듯이, 나 역시 휠체어 환상이 진짜 강력하고 원기를 주는 계시, 즉 내가 여전히 전달하고 싶은 것이기도 하지만, 그렇다고 그것이 점점 심해지는 장애와 지속적인 노화를 둘러싼 거세 불안을 최종적으로 끝낸 것은 아님을 덧붙일 필요가 있다.

이번 챕터를 시작하는 일화가 쇠퇴 이야기와 기습적으로 나타난 팔루스 결말을 대립시키는 한편, 다음 장은 내 인생에서 상당히

* '안마 시술소'(massage-parlor)의 사전적 의미는 불법적 성 판매 업소의 의미까지 함축하고 있다.—옮긴이

직접적으로 팔루스적 해피엔딩의 규범적 지배를 보여주는 또 하나의 에피소드로 시작할 것이다.

2부

# 전립선 수술 이후의 섹스

## 나의 이야기

2012년 5월: 딕은 조직 검사 이후 전립선암 진단을 받았다. 딕의 비뇨기과 담당의 진료실에 우리가 함께 앉아 있고 의사는 방사능 치료 혹은 외과 수술과 같은 치료법들의 장단점을 설명하고 있다. 우리는 이미 수술받기로 마음을 먹고 수술 효과에 대해 좀 더 주의를 기울여 듣고 있다. 수술을 받고 나면 딕은 적어도 잠시나마 요실금과 성 불능을 겪을 것이다. 소변을 참지 못하고 성교 능력을 회복할 수 없을 가능성(요실금이 지속될 가능성은 매우 낮고, 성 불능이 장기간 지속될 가능성은 상대적으로 높은 전망)에 대해 들었다. 이런 일들은 특별히 놀랍지 않다. 왜냐하면 이미 온라인으로 다 읽은 내용이기 때문이다. 하지만 우리가 온라인에서 찾지 못한 내용이 하나 있다. 나는 용기를 내 의사에게 물었다. 사정은 할 수 있나요? 일반적 수준의 공감력이 있는 이 의사는 내 무지를 도무지 믿지 못하겠다는 듯이 대답한다. 전립선이 없으면 사정할 수 없다는 것이다. 45년간의 경험을 한 나는 남자의 성에 대해 안다고 생각했다!

전립선 수술 이후의 발기가 (책자가 상당 부분 소개한) 한 가지 문제이지만, 사정은 그렇지가 않다. 사실 전립샘이 사정을 담당한다. 즉 전립선이 없으면 사정도 없다. 이상하게도 이는 전립선암 수술에 대한 책자 어디에도 없으며, 길고도 비공식적인 나의 성교육 어디에서도 찾을 수 없었다. 딕도 마찬가지로 이런 사실을 몰랐다. 우리는 그의 성적 반응 중 내게 매우 친숙하기도 하고 상당한 부분을 차지하는 요소가 결국은 사라질 미래로 진입하고 있었다.

이 사건은 그의 성적 반응 중에 내가 가장 좋아하는 부분에 관해 궁금하게 만들었다. 즉 사정 이전의 흥분 상태에 페니스가 액체를 뿜는 것 말이다. 나는 특히 그 반짝이는 액체 방울, 매끄럽지만 끈적이지 않은 그것을 좋아했다. 그것은 진짜 강렬한 흥분을 상징하는 것이었으며, 흥분할 때 여성들이 축축해지는 것과 정확히 비슷한 것이었다. 그 귀중한 액체가 수술 후에도 생길까? 인터넷에서 여러 차례 탐색해보았다. 이 액체를 일상어로 프리컴pre-cum이라고 부르거나, 좀 더 기술적으로 말하자면 사정 이전 액체 혹은 쿠퍼액Cowper's fluid이라 부른다. 인터넷을 검색하다 이 이름들을 알게 되었고 사정이 안 되어도 사정 이전의 이것은 그래도 생길 가능성이 있었다. 나는 정말로 그러기를 바랐다.

딕은 의사에게 수술을 받고 싶다고 했지만, 사실 우리는 초여름 유럽행 가족 여행을 떠날 표를 이미 구매해놓았다. 의사는 여행 이후로 미루는 데 큰 문제가 없다고 판단했고 2개월 후로 수술 일정을 잡았다. 이런 일정은 결국 우리의 섹스 없는 삶이 아직 시작되지는 않았지만, 우리 삶에 그림자를 드리우는 기간을 연장하는 결과를 낳았다.

처음에는 이런 위협이 놀라우리만치 섹시했다. 오랜 시간 익숙했던 것이 이제 곧 상실될 것이라는 점 때문에 희귀하고 귀중한 것이 되었다. 30년 이상 지속했던 성관계가 예기치 않게 '현재를 즐겨라'carpe diem의 원대한 장면이 되어버린 것이다.

그러한 흐름이 한 달가량 유지됐으며 서서히 의무감이 생겼다. 나중에 일어날 일을 알게 된 후로는, 가능하면 자주 섹스를 해야 한다고 느끼고는 있었지만—임박한 위협에 익숙해진—우리는 추상적인 의무감으로 섹스를 더 자주 하는 것이다. 3년이 지난 후 여기에 앉아 있는 나는 수술 전날 우리가 섹스를 했는지에 대해 무엇이든 기억해낼 수 있으면 좋겠지만 그러지 못하고 딕이 마지막으로 사정한 것이 언제인지 기억나지 않는다.

2012년 7월: 수술은 완벽한 성공이었다. 별문제 없이 전립선이 제거되었고, 암의 흔적이나 기미도 전혀 없었다. 예후도 좋았다. 그 순간에 딕이 암으로 세상을 떠나지 않을 것이라는 내 안도감은 이후 우리의 섹스 생활에 대한 어떤 물음들도 덮어버렸다.

딕은 6주 동안 섹스를 하지 않도록 당부를 받았다. 이것은 안도의 말이었다. 아마도 그 이유는 그의 성적인 반응이 어떻게 될지에 대한 근심을 덜어주었기 때문이었을 것이다. 수술을 받고 나서 한 달쯤 지난 어느 날, 전반적으로 상당한 회복 단계에 이른 그가 내게 말하기를, "난 섹스를 할 수 없지만, 당신은 할 수 있잖아." 상대방을 생각해서 하는 말투가 아닌 그저 음란한 분위기를 끌어내는 듯한 말투였다. 그의 쾌락을 생각할 필요 없는 것, 사실상 그 생각을 해선 안 되는 것, 오로지 나의 쾌락을 위해서만 하는 섹스는 정말 흔치 않은 대접을 받는 것과 같은 것이다. 내게 쾌락을 주는 일이 그에게 매우 중요한 일임은 분명했다. 그건 그가 여전히 성적인 존재임을 확인시키는 일이었다. 나는 아무런 갈등 없이 나 자신만 생각할 수 있었다. 그 몇 주간 나는 정말 많이 즐겼다. 그의 건강을 위해서라도 나의 성적 흥분과 오르가즘이 정말로 중요해지는 순간을 즐겼다. 다른 무엇보다 내 반응이 중요해지는 순간을 누렸다.

그 시기부터 내 일기의 첫 줄은 기분 좋은 나, 자축하고 있는 나로 시작되었다. 이를테면, "우리가 이 모든 일을 아주 잘 대처하고 있다는 느낌이 든다. 내가 지금까지 결코 그렇게 섹스를 한 적이 없다는 점은 그의 발기가 정말 큰 문제는 아니라는 뜻이다."

2012년 가을: 수술 후 6주가 지나자 딕도 '섹스를 할' 수 있는 자유가 주어졌다. 우리는 그것이 어떤 뜻인지를 의사에게 묻지 않았고, 한 가지 뜻으로 고정되지 않는 그 구절의 뜻을 너무나도 잘 알고 있다. 종종 의사들이 이 표현을 사용하면, 그것은 페니스의 질 삽입을 의미하지만, 딕은 질에 삽입할 정도로 단단해지기는 아직 멀었다. 우리는 내가 그의 페니스를 만져서 직접 자극할 수 있다는 의미로 받아들였다. 처음 2-3번은 재밌고 흥미로웠다. 당연히 우리는 겨우 시작일 뿐이라고 생각했고, 그에게 오르가즘을 기대하지는 않았다. 그냥 그의 페니스에 내가 다가갈 수 있음을 즐기고 몇 주간 그래왔듯이 내가 섹시하다는 느낌을 유지했다.

하지만 2-3주 지나지 않아 상황이 나빠졌다. (딕이 '섹스할' 수 있도록 허용되고 1개월 정도 지난) 10월 초 무렵 나의 일기를 보면 이렇다. "최근에 섹스에 대해 다소 기분이 우울하다. 토요일에 섹스를 했는데 그렇게 흥분되지 않았고 몇 시간 동안 우울했다. 그 이유가 딕의 발기 부전 때문인지 모르겠고, 그에게 (그리고 내게도) 그것을 인정하기가 두렵다."

내 문제가 그의 발기 부전에 기인한 것인지를("-인지 모르겠고"와 같이) 심지어 일기에서조차 인정할 수 없었다. 그건 내가 페니스의 삽입을 그리워해서가 아니라 그의 발기가 내겐 늘 내가 섹시하다는 점을 의미했고, 내가 욕망할 만한 대상인지를 객관적으로 보여주는 의미를 지녔기 때문이다. 그것이 없으면, 나 스스로 섹시하다는 느낌도 없고 흥분도 할 수 없었다. 나 자신이 이에 대해 몰랐었고 그의 발기가 내게 주는 의미를 몰랐고, 내가 흥분되는 데 그 역할이 얼마나 큰지 몰랐었다. 나는 그전까지 그것을 너무나 당연한 것으로 여겼다. 그래서 두 달 전을 돌이켜보면 그의 발기에 대해 "진짜 큰 문제"는 아닐 것이라는 어리석은 주장을 할 수 있었던 것이다.

비록 나 자신도 인정할 수 없었지만, 이 문제에 대해 딕과 확실히 대화를 나눌 수도 없었다. 나는 그의 발기 부전에 대한 나의 반응에 죄책감을 느꼈고, 그가 우울해하도록 내버려 두었으며, 내가 느끼는 방식이 잘못되었다고 보았다. 사실 성 불능은 우리가 가장 잘 대비해둔 수술 결과였다. 그건 피할 수 없는 일이었고, 우리가 함께 읽었던 것마다 그에 대한 기록이 많았다. 한 비뇨기과 의사는 그에게 발기 기능이 복원되도록 하는 희망을 위해 시알리스Cialis를 1일 1회 복용하도록 했다. 그리고 의사는 기능이 회복되려면 수술 후 18개월 정도 걸릴 수 있다고 계속해서 말했다. 그는 18개월 **이후에야** 영구적인 성 불능인지를 추측할 수 있다는 점을 누누이 강조했다.

우리는 성 불능이 얼마나 지속될지 몰랐고, 수술하고 3개월 후 그가 발기되지 않는다는 사실에 놀라지도 않았다. 놀라운 건 오히려 내게 그의 발기 부전이 얼마나 중요한지였다. 나는 무척 거기에 집착했고 우울해했다. 지난번보다 1개월이 더 지난 후 일기의 한 부분을 인용해보면, "섹스가 점점 더 힘들고 어려워지고 호전되지 않는다. 흥분이 점차 어려워지고 있고 나아지지 않을까 걱정이다." 여기서 내가 걱정하는 것은 딕이 다시는 성적인 기능을 회복하지 못하느냐가 아니라 성 불능이 여성에게 발생시키는 것으로서 불감증, 내가 한 번도 언급한 적 없는 단어, 불감증이 되지 않을까 하는 것이다.

내 비관적인 생각에서 딕을 보호해야만 하고, 우리 둘을 모두 삼켜버린 듯한 총체적인 성 불능의 상태에서 우리를 구하는 것이 내 책임이라는 생각이 들었다. 몇 주가 지난 후 내가 마침내 나의 감정을 얘기할 용기를 냈을 때 그는 내 비관론에 대해 내가 두려워한 만큼 상처받지는 않았다. 11월 초(우리가 처음 같이 잔 지 33주년이 되는 날) "섹스는 꽤 어려워졌지만 내 감정을 말하기는 훨씬 더 쉬워졌다. 그리고 내가 도저히 망칠 수 없는, 딕의 낙관적 생각에 믿음이 생겼다. 그는 발기하지 못할 수도 있지만 그래도 여전히 낙관적이다."

그로부터 한 달이 지난 후, "난 딕의 훌륭한 태도에 감동받았다. 그는 거세되었다는 생각을 전혀 하지 않으며, 언젠가 다시 성 기능을 되찾을 것이라는 낙관적인 생각을 한다."

이 시기에 그가 염려했던 것은 성 불능이 아니라 우리가 전혀 예측하지도, 대비하지도 못했던 것, 수술이 미친 또 다른 결과였음이 드러났다. 그는 당시에 감각 상실을 겪고 있었던 것이다. 수술 당시 신경이 절단된 결과로서 귀두 부분에 감각이 거의 없어진 것이다. 그 결과는 직접적인 성적 자극의 양에 엄청난 영향을 끼쳤다.

이 무렵 딕은 사실상 오르가즘을 되찾고 있었다. 그 시절 나는 남자의 오르가즘이 사정과 동일하지 않다는 사실을 알게 되었고, 그에 대한 완전한 증거도 찾았다. 그가 오르가즘을 되찾은 점은 좋은 소식이었지만, 그 오르가즘이 매우 미약하다는 것, 그가 전에 경험했던 강도에 훨씬 못 미친다는 조건이 수반되었다.

이 점 때문에 그는 슬퍼했고 나 역시 무력한 기분이 들었다. 내가 몇 년 동안 확실히 그를 즐겁게 하고 흥분시킬 수 있게 했던 것들이 이전처럼 되지 않았다. 그 무렵의 내 일기를 보면, "내게 힘든 점은 '무엇을 해야 할지를 모르겠다'는 지각이었다. 어떻게 하면 그가 발기하도록 혹은 그가 오르가즘을 느끼도록 할 수 있을지를 모르겠다. 그리고 나는 '무엇을 해야 할지를 아는 것'에 대한 내 자긍심이야말로 섹스할 때 나를 흥분시킨 큰 부분이었음을, 내가 팔루스적이라고 느낄 수 있도록 해준 것임을 깨달았다. 그런데 문제는 내가 더는 딕에게 무엇을 어떻게 해야 할지를 모른다는 점이다. 30년 이상을 알아왔던 것인데도.”

우리 둘 사이 성관계를 보면, 언제나 나는 늘 긴장하고 그는 좀 솔직하고 상대적으로 태평한 듯 보였다. 그런데 수술 후 처음 성행위를 재개했을 때 나는 우리 둘 사이에 일어난 반전이 놀라웠고 즐거웠다. 그의 반응이 일시적이고 미세한 것에 비하면 나는 좀 더 강하고 확실했다. 난 진짜 그것을 즐겼고, 흥분했다. … 하지만 그것도 단 몇 주뿐이었다.

2012년 가을 2개월간 나는 우울증을 앓았고, 그의 발기 불능 때문에 나의 성적 흥분까지 심각하게 감소한다는 사실에 집착했다. 두 달 후 결국은 내 기분을 딕에게 고백하고 말았다. 그리고는 자극에 대해 그가 새로 겪은 문제를 천천히 듣기 시작했다. 2012년 일기를 읽어보면, 우리가 성적인 문제에 대해 더 편히 이야기하는 법을 배우고 있음이 자주 언급되어 있다. 이를테면, “어제 딕과 나는 섹스를 하던 도중에 막혀버렸고, 어디서 어떻게 막혀버렸는지에 대해 그날 내내 얘기했다. 힘들었다. 정말 힘들었지만 딕과 내가 전보다 섹스에 대해 좀 더 편히 얘기한다는 생각이 들었고, 그래서 기분이 좀 나아지고 있었다. 그래도 여전히 딕이 성적으로 ‘편했던’ 때가 그립다.”

12월 말경, 몇 달 동안 우리가 도중에 막혀버린 점에 대한 의견 교환을 몇 주쯤 하고 나자 상황이 나아졌다. 12월 말 무렵이었다. “어제 딕과 섹스를 하는데 처음으로 나는 예전의 ‘우리처럼’ 근심 없이 편안하고 자연스러웠다. 딕은 여전히 완전 발기가 되지는 않았지만, 나는 그래도 내가 ‘무얼 하고 있는지는 안다’고 느끼며, 그를 자극하기 위해 내가 할 일을 알고 이해할 수 있게 되었다."

이 일의 일부는 일종의 '말하기 치료'였다. 딕이 이전에 보였던 성적 반응의 명료함과 우리 패턴의 친밀함의 자리를 대신해서 우리가 느낀 것과 느끼지 않은 것에 관해 말하는 것으로 채워야 했다. 2012년 그 수술이 있었던, 그 해가 저물어가면서 상황이 조금 나아지는 듯싶었다. 딕이 완전 발기를 하지는 못하지만, 흥분할 때 페니스가 커진 건 분명 사실이다. 그리고 그가 흥분했음을 보여주는 다른 징후들뿐만 아니라 미묘한 차이의 발기를 읽는 법을 배워가고 있었다. 그것들을 나에 대한 그의 욕망의 징후로서 읽는 법, 나 자신의 흥분에 대한 좀 더 미묘한 단서들에 대응하는 법을 배워가고 있었다.

2013: 2012년에 일어난 일을 회상하려 할 때 내 일기가 매우 유용했는데, 2013년에 이르자 일기 쓰기도 멈췄다. 나의 기분을 딕에게 표현할 수 없던 몇 달간 일기를 쓴 것이다. 우리 자신이 힘들어하는 점과 분리되는 지점에 대해 서로 말할 수 있게 되면서 나는 일기를 쓰지 않아도 되었다. 우리의 관계에는 이득이 생긴 것이지만, 어쩌면 지금 이 회고록을 위해서는 손실일 수 있다.

2013년 내내 딕은 2주에 한 번씩 골반 치료사를 만났다. 시알리스를 매일 복용하는 것에 더해서 이 치료는 그의 발기를 회복하는 데 도움이 되었으며, 딕도 혈류 순환을 증진하고 신경 회복을 돕기 위해 날마다 치료사가 권한 운동을 했다. 나 역시 이를 위해 최대한 원칙을 지켰지만, 그것이 우리의 성생활에 침범될 때는 성가시기도 했다. 딕은 이 운동들을 우리 둘만의 섹스에 이용해보라는 치료사의 권유를 내게 얘기하곤 했다. 그의 치료를 위해서 나도 돕고 싶었지만, 그것이 맘에 든 건 전혀 아니다. 그 치료에는 진정으로 흥미를 떨어뜨리는 요소가 있었다. 그의 발기가 그저 기술적인 문제이고 나와는 아무런 연관이 없음을 나타낸다는 점 말이다. 물론 그의 발기와 발기 부전이 생리학과 관련된 문제임을 알고 있었다. 수술 때문에 문제가 생긴 것이다. 하지만 나의 성적 흥분을 위해서 나는 그의 발기를 확인할 필요가 있었다. 적어도 섹스를 하는 동안 나에 대한 반응으로서, 나에 대한 욕망의 표시로서 말이다.

우리는 치료법의 이런저런 방법을 섹스 중에 여러 번 적용해보려고 했지만, 항상 내게 실망을 안겼다. 수개월에 걸쳐 여러 번 시도해본 후 결국 우리는 포기하게 되었다. 이 실패가 그의 회복에 방해가 되었는지는 모르겠지만 그것이 우리의 성적 유대감을 지속하는 데 중요한 사항이었음을 나는 안다. 2012년에는 그의 발기가 나의 반응에 얼마나 중요한지를 알아야만 했다면, 2013년에 이르러서는 그의 발기가 나를 향한 욕망을 의미한다는 내 인식이 그의 발기 자체보다도 더 중요하다는 점, 그의 몸을 나에 대한 반응으로서 읽을 수 있는 내 능력이 그가 점차 발기할 수 있게 되는 과정보다 더 중요하다는 점을 알아야 했다.

골반 치료사가 우리의 성행위를 위해 제안한 것들은 섹스라는 것이 페니스-질의 접촉이라는 가정에 근거해 있었다. 내가 그녀의 제안을 우리 성에 적용하지 않으려는 것은 어쩌면 페니스를 도구로서 이해하는 것에 대한 내 반감과 관련이 있는지도 모른다. 도구적 관점은 페니스를 감응적으로 인식하고픈 나의 욕구, 즉 나의 섹시함에 대한 반응을 의미하는 것으로 생각하는 것에 위협적이다. 평생 섹스는 페니스-질 교합을 의미한다는 규범적 가정에 맞서 투쟁하며 살아온 내가 전립선 수술 이후의 섹스라는 신세계에 들어서면서 비정상적인 것을 선호하는 내 방식이 오히려 이득이 되었다.

우리는 딕의 것이 질에 깊이 들어올 정도로 단단하게 발기될 때까지, 그 침투가 느껴질 정도로 단단해질 때까지 기다릴 필요가 없었다. 우리는 만족스러운 섹스로 돌아가기 위해 성교하는 내내 단단한 발기를 유지할 때까지 기다릴 필요가 없었다. 2013년 초 무렵이 되자 섹스는 다시 즐거운 것이 되었고, (적어도 내게는) 수술 이전의 섹스처럼 느껴졌다. 비록 완전히 발기되지는 않았지만 말이다. 딕에게 섹스는 감각의 무뎌짐 때문에 수술 이전만큼 만족스럽지 않았지만, 그가 전처럼 내게 많은 즐거움을 줄 수 있다는 것을 알고는 안심하고 기뻐했다. 그때 그는 완전한 능력을 회복할 바람을 갖고 치료와 운동을 계속했다.

2013년을 보내면서 그의 발기 부전에 대해 더는 내가 신경 쓰지 않았으며, 나 자신이 그의 발기의 좀 더 미묘한 징후들에 적응하게 되었다. 그래서 그해가 다 지나갈 무렵, 그의 발기가 좀 더 오래 유지되었다는 점을 바로 눈치채지 못했다. 하지만 반가운 프리컴이 다시 나오게 된 점을 알아볼 수 있었다. 처음 그것이 나왔을 때 나는 도무지 믿을 수가 없었다. 몇 주가량 다시 나오지 않았으나, 천천히 우리 섹스의 일정한 도입부로 재등장하기 시작했다. 나에 대한 욕망이 다시 넘쳐나는 그를 느끼는 것이 정말 신났다. 다른 한편으로는 솔직히 말해 그의 사정이 더는 그립지 않았고, 끈적거리는 것보다 매끄러운 그 액체가 더 좋을 뿐 아니라 종이, 옷, 피부 위에 떨어진 정액을 대하는 일이 더는 즐겁지 않았다.

전립선 수술 이후 우리의 섹스에 대한 회고를 쓰겠다고 계획할 때 나는 정확히 어디서 시작할지를 알았지만 어디서 끝내야 할지, 어떻게 끝내고 싶은지를 알 수 없었다. 그에 관해 쓰는 동안 나는 '도중에', 완전한 발기가 아닌 일부를 회복한 순간에 끝내고 싶다는 느낌을 받았다. 도중에 끝내고 싶은 이유는 서사적 관점에서 흥미롭게 여겨서가 아니라 절반 정도만 발기했을 시기에 내가 더 행복하고 섹시함을 알았기 때문이며, 나는 새로 발견된 나의 면모를 표현하고 싶다. 또한 딕이 완전히 다시 발기할 수 있을지를 몰랐던 시기, 알 수도 없었던 그 18개월의 낯선 시간성을 옮겨 적고 싶었다.

. . .

## 낯선 시간성

마지막 문장이 암시하듯이, 나는 이 이야기를 이 "낯선 시간성" 때문에 하고 싶었다. 나는 그 경험을 쓰기로, 그리고 팔루스와 시간성 둘 다와 분명히 연관되어 보였기 때문에 그 경험을 이 책에 포함할 결심을 했다. 이야기를 끝내면서 언급한 그 낯선 시간성, 이 이야기를 상술하고자 결심한 순간에 생각하게 된 그 낯선 시간성은 딕이 완전한 성 능력을 회복할 수 있을지 알 수 없었던 18개월의 특별한 경험이다. 그 시간성은 특이하고 이상했다. 그 시기의 성적 의미는 미래의 산물에 상당 부분 의존하는 한편, 그 산물이 행복한 회복이 될지 영구적인 상실이 될지를 알 수는 없었다. 그 18개월(비뇨기과 전문의가 변함없이 지속해서 특정했던 시기) 내내 우리의 현재는 무거운 미래의 그늘 아래 있었지만, 여전히 우리가 (회복 불가능한 상실의) 쇠퇴 이야기를 맞을지 아니면 진전의 서사를 갖게 될지는 알 수 없었다. 우리는 거세를 향해 가는 것일까? 아니면 팔루스의 귀환을 향해 가는 것일까?

이런 가능한 대안들은 지금 이 책의 관심사인 시간성과 연관된다. 한편으로 우리는 팔루스 있음에서 거세로의 고전적인 낙오를 겪는다. 즉 전립선암을 대재앙과도 같은 회복 불가능한 거세로 보는 것이다. 이는 규범적인 거세 시간성이자, 암과 같은 대재앙에 대한 불안의 시간성이다. 두 번째 대안은 좀 다른 팔루스의 시간성을 제시한다. 이 다른 시간성에서는 팔루스가 잠시 상실되었다가 다시 회복될 수 있다. 내 이야기는 우리가 이 두 가지 시간적 범주의 어느 쪽에 있는지를 모르는 시기에 발생한다.

이 이야기에서 나는 대안적 팔루스에 연루되는 데도 잠시 고전적 거세 불안을 경험한다. 나는 우리가 결국 거세를 향해 가게 된다는 공포에 휩싸인다. **나의** 거세 불안, **내가** 거세될 것이라는(다시는 성적 흥분이 되지 않을 것이라는) 공포가 나의 우울증에 관건이 된다는 점에 주목하고 싶다. 나는 전통적인 거세 시간성에 사로잡혀 있지만, 딕은 반대로 팔루스 회복의 가능성을 낙관적으로 믿는다. 우리 둘이 함께 이 낯선 시간을 함께 살아가는 동안, 마치 우리 둘이 두 개의 대안적 서사의 가능성을 상연하기라도 하듯이 말이다.

이런 시간은 내 경험에서 특이한 일이기도 하지만, 또한 전립선암 치료에서는 꽤 일상적이면서 사실상 표준적인 시간성이기도 하다. 우리는 또 다른 전립선암 수술 이후 이야기인 필립 로스Philip Roth의 『유령 퇴장』Exit Ghost(2007)에서, 비뇨기과 전문의가 부과한 것과 같은 18개월간의 이야기를 보게 된다. 네이선 주커만의 일주일을 기록한 일인칭 소설인 로스의 소설은 주커만의 전립선 제거술이 일으킨 결과에 상당 부분 주목하고 있다. 두 번째 문장은 주커만이 "불치의 전립선을 제거하기 위한 … 수술"을 받았다고 밝히고 있다. 두 번째 페이지에 비뇨기과 의사가 제안한 18개월이라는 불확실성의 기간에 대한 언급이 있다. 예를 들면, "첫해 그리고 그 후 6개월 … 요실금이 점차 사라질 것이라고 믿을 만한 이유를 의사가 전해주었다."[1]

주커만이 성 불능이 아닌 요실금에 대해 말하는 동안, 두 현상은 영구적이든 그렇지 않든 전립선 수술의 당면한 부작용으로 동시에 규칙적으로 언급되며, 그 두 가지 현상이 (수술 결과, 주커만은 성적으로 불능이면서 동시에 요실금 증상을 보인다) 소설에서 관련을 맺는다. 사실 두 조건이 소설에서 꾸준히 연관되어 나타나고 그래서 요실금은 로스가 성 불능의 최악을 이야기하는 방식으로 보인다. 또한 로스는 그러한 비유를 좀 더 굴욕적으로, 성적인 측면보다는 거세를 더욱 함축하는 식으로 사용한다. 비록 그가 성 불능이 아닌, 요실금에 관해 얘기할 때조차도 나는 "첫해 그리고 그 후 6개월"이라는 특정한 시간을 인지하게 된다.

『유령 퇴장』은 사실 그 1년 6개월이 아니라 수술 후 9년 동안의 이야기다. 하지만 책의 시작 부분에서 주커만은 그 특정 기간을 회상한다. "혼란스러운 충격은 … 특히 처음 1년 6개월간 고되었다. 그 기간은 요실금이 점차 사라질 것이라고 믿을 만한 이유를 의사가 전해주었던 때이기도 하다."(2) 처음 18개월은 주커만에게 "특히 고된" 기간, 즉 이후 몇 년보다 더 힘든 시간으로 부각된다. 이 기간이 그에게 특히 도전적인 시기가 되도록 한 요인은 상황이 개선될 여지가 있다는 믿음, 배뇨를 통제할 수 있을 것이라는 믿음이다. 오랫동안 희망이 없던 시기를 겪고 난 후의 시점에서 회복의 희망은 그 자체로 고통의 근원이 된다. 초기의 불확실성, 영구적인 상실일지 회복이 될지에 대한 불확실성은 상실이 확실해지는 후기보다 견디기 더 힘들다.

여기서 나의 주장은, 이런 전립선 수술 이후의 기간에 문제가 되는 것이 팔루스의 시간성이라는 점이다. 라캉주의적 비평가 제임스 밀턴 멜러드James Milton Mellard가 주장하기를, "『유령 퇴장』은 거세를 극화한다."[2] 로스의 전립선 수술 이후 서사에서 처음 1년 6개월은 나의 이야기에서와 마찬가지로 우리가 회복 불가능한 거세의 상태에 빠질지 아니면 팔루스 회복으로 접어들지 알 수 없는 기간을 의미한다. 주커만에 따르면, 그 불확실성은 피할 수 없는 거세의 익숙한 시간성보다 더 견디기 힘들다.

로스는 '전립선 수술 이후 이야기'의 배경을 처음 18개월에 두지 않고 그 이후의 세월에 둔다. 서사의 현재 시점과 대비되도록 초기의 "특히 고된" 기간을 과거 시점으로 지칭했다. 하지만 수술 이후 18개월 동안 가진 어리석은 희망과 실망을 뒤로하고 건강해지기를 기원했지만, 몇 년이 지난 현재 시점에서 주커만은 그러지 못하다. 의사가 암시했던 불확실성의 기간에 대한 언급이 있는 문장에서 주커만은 이렇게 말한다. "나는 … 처음 18개월간 특히 고되었던 혼란스러운 충격을 극복할 수 있을 것으로 … 믿었어."(2) 그는 극복할 수 있을 것이라고 생각했다. 그 기간에 겪은 고통에서 벗어날 수 있다고 생각했지만 그러지 못했다.

"나는 … 극복할 수 있을 것으로 … 믿었어"라는 문장 뒤에는 독자가 예견하듯이 "하지만"으로 시작하는 문장이 이어진다. "하지만 … 나는 진정으로 그 … 굴욕을 이겨내지 못했다. 왜냐하면, 마운트 시나이 병원 비뇨기과 접수과에 … 내가 있었기 때문이지. 소변 줄기를 좀 더 통제할 기회가 있었다고 … 스스로 안심하면서."(2-3) 주커만이 요실금을 치료하기 위한 절차로 뉴욕에 갈 때 소설 속 행위가 시작된다. 그가 희망을 품을 것인지 아니면 체념하게 될지 불확실하던 처음 그때 이후 몇 년이 지난 상태이지만, 위험하고 바보스럽게 보일 정도의 희망에 차거나, 불확실성의 '특별한' 고난에 사로잡히곤 한다. 그러나 이런 감정을 그는 좀 더 잘 알아야 한다.

'전립선 수술 이후'를 담은 이야기에는 그가 진짜 좀 더 잘 알아야 한다는 생각, 즉 희망과 개선을 바라는 것은 어리석다는 생각이 지배하고 있다. 로스의 소설은, 표준적인 "1년하고도 6개월"이라는 기다림의 낯선 시간성을 받아들이고, 희망과 상실이 기묘하게 섞이는 것을 넘어 스스로 영원히 성 불능이며, 요실금 증상을 겪고, 영구적으로 거세됨을 인지하는 순간으로 확장함으로써 거의 포기 상태에 이른 채 거세에 대한 인정을 합리적이고 성숙한 것으로 그리는 듯 보인다. 주커만은 이야기가 어찌 끝날지 알고 있고, 자신이 회복 불가능하다는 점도 안다. 그래서 그는 끈질긴 희망 찾기에 반대한다. 하지만 라캉주의자들이 말하는 "거세를 받아들이는 것"이라고 하는 확실한 지혜에 의존할 수도 있지만, 주커만의 희망이 터무니없이 부풀어 오르는 일은 결코 중단되지 않을 것이며 그로 인한 당혹스러움은 지속적이고도 상당할 것이다.

『유령 퇴장』은 남근적 희망과 거세의 체념 사이 갈등을 극화하고 있다. 로스의 소설에서 그 갈등은 결정적으로 시간적인 역동성을 보인다. 처음에는 소설 속 행위가 일어나는 기간과 초기의 1년 반이라는 과거 순간 사이의 관계에서 시간적 흐름의 차원을 목격한다. 좀 더 나이가 들어 현명해진 현재의 관점에서 볼 때, 희망은 분명 과거에 속한 감정이며 수년 전의 것으로 남아 있어야 했다.

본 장의 두 번째 '전립선 수술 이후 이야기'로 『유령 퇴장』을 끌어들인 것은 시간성에 두는 우리의 집약된 관심을 강조한다. 로스의 전립선 수술 이후 서사는 그 어떤 서사보다 시간성에 관한 현저하면서도 전반적인 집요함 그 이상을 전달하고 있다. 그 이유는 아마도 어느 주석자의 표현대로, "이 책이 노화에 관한 책"[3]이기 때문일 것이다. 소설이 "노화에 관한" 것이라고 공표한, 앞서 나온 로스 비평가는 즉시 덧붙이기를, "그리고 그 소설은 시간에 관해 상당히 많이 다룬다." 그것은 마치 노화에 관한 성찰과 시간에 관한 성찰 사이에 본질적인 관계가 있음을 함축하는 듯하다. 소설의 처음 다섯 장 중 첫 번째는 「지금 이 순간」The Present Moment이라는 제목이고, 다섯째이자 마지막 장은 「성급한 순간」Rash Moments이다.

주커만에 따르면, "성급한 순간"이라는 표현은 조지프 콘래드Joseph Conrad의 단편소설에서 따온 것으로, 이 단편은 이렇게 시작한다. "오직 젊은이들만 그러한 순간을 경험한다. … 성급한 순간. 이것으로 내가 의미하는 바는 젊은이가 성급하게 행동하는 순간이라는 점이다."[4] 콘래드의 소설은 "『그늘의 경계』The Shadow-Line라는 소설로서, 그 제목은 성숙과 '부주의한 젊음'[5]의 경계선을 뜻한다." 콘래드에 따르면, "이 소설 작품을 쓴 목적은 태평하면서 열정적인 젊음에서 성숙한 삶의 좀 더 자의식적이고 통렬한 시기로 변화하는 것을 … 제시하는 것이다."[6] 『그늘의 경계』는 젊음을 회고하는 노인의 일인칭 회고 서사로, 젊음을 대가로 젊음과 나이 듦을 모순적으로 대조시킨다(젊은 주인공은 승진해서 기뻐한다. 서사를 이끌어가는 나이 든 자아는 그 승진이 악몽이 될 것임을 우리가 알 수 있도록 구조를 짠다).[7] 로스가 마지막 장의 제목을 딴 콘래드의 소설은 사실 젊음보다 나이 듦을 우위에 두는 것이다.

하지만 콘래드의 단편소설이 미숙함보다 성숙함의 더 나은 지혜로움을 재현한다면, 『유령 퇴장』의 '성급한 순간'은 사실 상당히 다른 방향으로 진행된다. 주커만은 콘래드 소설을 인용하면서 이렇게 말한다. "하지만 이 성급한 순간은 젊은 시절에만 있는 것이 아니다. … 나이 들어서도 여전히 성급한 순간은 있다."(138) 『유령 퇴장』은 "나이 들어서도" 생기는 성급한 순간, "젊은이들"에게만 해당했던, 그러나 이 소설에서는 노인에게 해당하는 "성급한 행동의 성향"을 다룬다. 이 소설에서 주커만의 첫 번째 성급한 행동은 요실금을 치료하는 절차를 밟겠다는 결정이며, 그 결정의 성급한 측면은 시간성의 측면에서 명백하게 기술된다. 가령 "집으로 돌아가면서 모든 것을 신중히 고려할 기회를 가진 후에 결정을 내린 것이 아니라, (비뇨기과 의사의) 빈 일정의 순간적 기회를 잡으려는 나 자신에 놀랐다."(16) 이와 비슷하게 소설 속 주커만의 행동 패턴이 정해진다. 그는 "(그것들을) 곰곰이 생각하는" 것이 아니라, 그것들을 급히 부여잡는다. 그리고 이러한 성급함에 스스로 놀란다. 자신이 주의 깊고 사려 깊어지기를 기대하기 때문이다. 주커만은 결정들의 조급한 특성을 거듭해서 강조한다. 첫째 장에 나온 예만 하더라도 "재빠른 결정"(44)이 "미친 듯한 속도로"(31) "황급히"(29, 52) 전개되었다. 앞뒤를 헤아리지 않는 성급함이 이 소설의 지배적 템포이며, 그것은 일관되게 젊음을 연상시켜왔기 때문에 70대 노인의 성급함은 시간적 변칙이자 이상하고 부적절한 시간성이 되고 만다.

비록 이 책이 이런 성급한 행동들로 가득하지만, 주커만이 콘래드를 인용하는 구절은 특별한 행동 유형을 구체화하고 있다. 가령,

"하지만 이 성급한 순간은 젊은 시절에만 있는 것이 아니다. 지난밤에 여기로 온 일도 성급함을 보여주며, 돌아가버린 일도 성급하기는 마찬가지다. 나이 들어서도 여전히 성급한 순간은 있다."(138) 콘래드를 참고한 점은 대화에서 등장한다. 주커만은 제이미 로건이라는 이름의 여인에게 말을 걸고 있고, "여기로 온 일"은 그녀의 아파트로 간 일을 지칭하며, 염려되는 일임에도 강렬한 매력에 이끌려 한 일이다. 이 소설의 시간성에 대한 강조는 주커만이 제이미에게 끌리는 것과 무척 연관이 깊다. 어쩌면 제이미가 (주커만보다 마흔 살 어린) 젊은 여인이기 때문일 수 있고 나이 문제와 얽혀 있기 때문일 것이다.

마지막 장의 제목 「성급한 순간」은 제이미에 대한 그의 욕망에 직접 얽혀 있다. 그뿐만 아니라 시간과 관련된 다른 장 「지금 이 순간」이라는 제목 역시 그녀와 연관된다. 첫째 장의 제목을 예외로 하더라도, "지금 이 순간"이라는 어구는 첫 번째 장 끝 무렵에 한 번 나온다. 거기서 주커만이 말하기를, "제이미 … 와의 한 번의 짧은 만남을 통해 나는 … 현재 순간의 자극제이자 각성제, 유혹이자 위험에 나 자신을 내맡긴다."(53)

여기서 주커만은 제이미의 아파트 초대를 사양한 바로 다음 "지금 이 순간"이라는 구절을 쓴다. 그는 하루 전 제이미를 만났을 때 그 자리에서 제이미에게 매혹되었다. 그래서 그 전에 뉴욕으로 떠나려 했음에도, 아파트에 초대받았을 때 그는 주저하지 않고 초대를 받아들였다. 제이미를 보기 위해 그는 도시를 떠날 계획을 취소한 것이다.

현재 순간에 관한 언급 바로 앞 문단(제이미의 아파트 초대를 받아들이는 것으로 시작하는 문단)에서 주커만은 자신의 성급함, 그녀를 만나고 싶은 무모한 열정을 마치 그의 요실금을 치료하는 과정을 표현했던 것과 비슷하게 표현한다. "어리석음이 … 이루 말할 수 없이 빨리 드러나고, 내 심장은 미친 듯한 열정으로 쿵쾅거렸다. 마치 요실금을 치료하는 의료 절차가 성 불능을 복구시키기라도 하는 듯, 비록 내가 … 성적으로 불구라 할지라도 … 제이미를 만나려는 충동은 미친 듯한 활력으로 부풀어 올랐다."(52-53) 요실금 치료를 위한 절차를 밟고 난 후 바로 소설의 초반부에서 주커만은 제이미를 만나고 매우 강렬한 성적 욕망, 즉 소설의 나머지 부분에서 그의 행동을 촉발하는 욕망을 경험한다. 이 욕망은 요실금과 성 불능 사이 관계를 강조하는 것으로 끝나지 않는다. 그것은 소설을 전립선 수술 이후의 섹슈얼리티 서사로 만든다.

"가당찮은", "광적인", "미친 듯한", 이런 표현들은 주커만이 자신을 평가 절하하는 것과 연관된다. 여기서 가당찮음은 요실금과 노화라는 사실은 말할 것도 없이 그가 성 불능, 즉 "성적으로 불구"인 것이 사실임에도 자신이 성적 능력이 있다고 느낀다는 점이다. 특히 도덕주의적 관점에서 바라보는 어느 비평가가 표현한 대로, "로스의 70대 주인공 주커만은 분명 나이에 맞게 행동하기를 거부하고 … 감정적으로 미숙하다."[8] 이 비평가는 주커만의 자기 평가, 그가 나이에 알맞게 거세를 받아들이려는 생각을 반영한다. 하지만 그의 자기 평가에도 불구하고, 혹은 성 불능을 되돌릴 수 없음이 사실임에도, 주커만은 욕망을 느끼고 리비도의 자유분방한 힘을 느낀다. 거세됨을 느낄 만한 충분한 이유가 그에게 있긴 하지만 온갖 이유에도 불구하고 그는 팔루스적인 느낌을 받는다.

이 구절에서 로스는 "빠른", "광적인 열의", "충동"과 같은 표현으로 성급한 템포를 성적인 것으로 만든다. 젊음의 속성이어야 하는 성급함이 『유령 퇴장』에서는 리비도의 시간성이며, 리비도는 젊음의 속성임이 틀림없다. 노인의 성급한 시간성에서 보이는 낯설고 부적절한 템포는 이 소설에서 전립선 수술 이후, 즉 거세 이후의 섹슈얼리티에서 보이는 시간성이다.

## 프리컴과 이성애 성교 의무

전립선 수술 이후에 대한 내 이야기의 마지막 문단에서 나는 "'도중에' 끝내고" 싶었다고 썼다. 그때는 서사의 시간성에 관해 생각하고 있을 때였고, "도중에"라는 구절은 섹스의 시간성과 연관해서 지금의 내게 어떤 울림을 준다. 내 경험은 성행위와 관련된 규범적 시간성에 반대된다. 이를테면 전립선 수술 이후에 관한 나의 이야기는 섹스와 관련된 생리학의 서사적 질서를 단호하게 비틀어놓는다.

폴 모리슨Paul Morrison은 『지엘큐』에 실린 「마지막 쾌락」End Pleasure이라는 논문에서 프로이트 관점의 규범적인 섹슈얼리티의 시간성에 관해 검토한다. 모리슨은 제목에 쓴 표현을 다음과 같이 설명한다. "도착은 프로이트가 '마지막 쾌락'이라고 하는 '방출'의 목적론과 맺는 관계 혹은 비-관계의 측면에서 본질적으로 이성애적 성기 집중과는 구분된다."[9] 모리슨은 프로이트가 "마지막 쾌락"이라는 표현을 규칙적으로 사용하고 있는 점을 인용하며, "'방출'의 목적론"이라는 것을 추론해낸다. 규범적 섹슈얼리티는 목적론적이다. 그래서 목적론적 관계에서 일탈한 섹스는 도착적이다. 섹스의 규범론적 목적론은 "방출", 즉 사정이다.

내 이야기의 첫 문단은 전립선 수술 이후 남자가 사정할 수 없다는 사실을 극적으로 발견하는 것으로 끝난다. 이 작은 발견은 내게 기습적으로 일어난 일이며, 어리석고 무지하다는 느낌을 안겨준다. 그렇다고 그러한 무지가 나만의 문제는 아님이 분명하다. 예를 들면, 오스트리아 성·건강·사회 연구센터Australian Research Centre in Sex, Health and Society 부소장인 게리 다우셋Gary Dowsett은 "35년간 섹슈얼리티와 젠더 정치에 관련해 연구하고, 생각하고, 글 쓰고, 논쟁하고, 25년간 HIV/AIDS 관련 일을 한" 후에 전립선암 진단을 받고 **"제2의 견해"를 들은 순간에야 비로소** 그가 "다른 어떤 일이 일어나는 것과 상관없이 다시는 사정하지 못할" 것임을 깨닫는다. 성 의료 분야 전문가인 다우셋이 덧붙이기를, 전립선암 수술 이후 사정의 결손은 "또한 대중 건강 자료집에는 누락되어 있는 점이기도 하다."[10]

다우셋은 전립선 절제술를 다루는 의료 담론이 발기 문제만 지나치게 강조하고 정작 섹슈얼리티에 대한 관심이 부족한 점에 대한 포괄적 비판의 일부로서 이와 같은 정보 부족에 주목한다. 나 역시 의료 담론이 발기 문제에만 지나치게 강조한다는 다우셋의 비판에 공감하며, 이번 장의 후반부에서 이 문제를 다룰 것이다. 하지만 지금은 팔루스의 시간성에 집중하고 있기에 사정의 결손 문제를 상세히 숙고해보고 싶은 마음이다. 나는 전립선 수술 이후 '마지막 쾌락'의 상실 문제를 퀴어한 방식으로 고려하고 있는 모리슨의 선구적 입장을 따를 것이다. 수술 이후에는 사정이 불가능하므로 전립선 수술 이후의 섹스는 섹스의 규범적 목적론과의 '비-관계' 상태에서 진행된다.

모리슨은 『마지막 쾌락』에서 섹스의 목적론을 서사와 연관 짓는다. "잘 짜인 서사와 마찬가지로 규범적 성행위는 절정으로 끝이 난다. … 또한 잘 짜인 서사처럼 규범적 섹슈얼리티는 목적으로 가득 차 있고, 목적을 위해 모든 것을 집중한다. 리오 버사니Leo Bersani가 주목하듯이, 성인들의 도착은 '미완결된 서사의 질병'으로만 이해된다."[11] 나는 모리슨과 버사니를 따르고, "도중에" 끝맺는 서사에 대한 나의 선호를 도착으로 보고자 한다.[12] 이러한 도착 선호는 내게 서사를 언제 끝낼지에 대한 선택에서만이 아니라 이야기 내내 여러 가지 방식으로 드러난다.

가령 수술 이전의 일을 다루는 1절에서 나는 "딕이 마지막으로 사정한 것이 언제인지 기억나지 않는다"라는 말로 끝맺는다. 만일 사정이 고전적인 '결말'이라면, 그 마지막 사정이 궁극적인 결말, 즉 절정 중의 절정이 되겠지만, 여기서 사정은 그저 문자 그대로의 의미이지 기념할 만한 일은 아니다. 확신컨대, 절정의 것이 되어야 한다는 생각은 그것을 기억하지 못해도 기억해야 한다고 내가 느끼는 이유일 것이며, 어쩌면 내가 그것을 기억하지 못하는 점이 1절의 마지막 진술이라는 극적인 위치를 차지할 만한 이유일 것이다.

만약에 우리가 '마지막 쾌락'을 사정이 아닌 오르가즘으로 이해한다고 해도, 우리는 여전히 그것이 전립선 수술 이후에 관한 나의 이야기의 서사적 절정에서 전치된 것임을 알아차릴 수 있다(이런 관점에서 보면, 내가 앞 장에서 한 이야기는 극적인 오르가즘으로 끝을 맺고 있듯이 당혹스러울 정도로 규범적인 시간성을 따른다). 앞에 나온 딕과 나의 이야기 중반쯤에 다음과 같은 구절이 있다. "이 무렵 딕은 사실상 오르가즘을 되찾고 있었다." 오르가즘은 서사 끝이 아닌 중간에 등장한다. 그리고 단수가 아닌 복수형이며, 결코 현재 사건으로 서술되지 않고, 이미 발생한 적이 있는 어떤 것으로 서술된다. "이 무렵 … 사실상 … 있었다."

전립선 수술 이후 이야기를 "도중에"라는 표현으로 끝맺는 것을 내가 선호하는 것에서 분명히 밝혀진 것 중에 규범적인 섹슈얼리티의 목적론과 가장 현저한 차이를 보이는 것은 의심할 여지없이 '프리컴'에 부여된 자긍심이다. 사정의 손실을 알게 된 후 곧 서사는 프리컴의 존재 여부에 대한 질문을 열어둔다. 이야기는 쿠퍼액의 귀환으로 끝을 맺는다.

내 이야기는 프리컴에 특권을 부여하고, "그 반짝이는 액체"에 대한 애정을 표현하며, 끈적거리는 사정액보다 이 매끄러운 액체를 더 좋아한다고 밝힌다. 쿠퍼액을 서술자의 욕망의 대상으로 만들어 놓으면 이야기는 그것의 귀환을 만족스러운 해피엔딩으로 설정하게 된다. 하지만 서사가 그러한 고전적인 결말로 끝나더라도 프리컴은 섹슈얼리티의 측면에서 끝이 아니다. 그것은 성행위 "도중에" 매우 흥분된 상태에서 더한 감각과 더한 흥분을 기약하면서 나타난다. 그것은 성행위의 만족이나 끝을 뜻하지 않는다. 그것은 '마지막 쾌락'도 아니다. 1부의 내 이야기와는 달리, 여기서 서사의 절정은 성적인 절정이 분명 아니다.

이것은 (이야기의 마지막 문단에서 내가 생각했던 것이 아니더라도) 도중에 결말 짓는 것을 보여주는 좋은 사례일 뿐만 아니라 대안적인 팔루스 시간성을 보여주는 사례이기도 하다. 프리컴은 분명히 팔루스적이며 단연코 시간적이다. 사정 이전의 액체라고 불리기도 하는 프리컴은 보통 그것의 시간적 양상으로 알아보며, 그것이 도래하는 시간으로 인지된다. 전립선 절제술이라는 상황에 놓여서야 나는 그것이 사정과는 다른 것, 사정과 똑같은 장소나 똑같은 방법으로 생기는 것이 아니라는 점을 알았다. 방출이라는 지배적인 목적론은 쿠퍼액이 사정과는 전혀 다른 물질이라는 점을 모두 지워버리며, 그것을 사정에 대한 예비적인 것으로 혹은 전조적인 것으로 치부한다. 하지만 전립선 수술 이후 이야기에서 보듯이, 사정이 불가능해진 시점에서 시간이 많이 지난 후에 프리컴이 나오는 점을 볼 때 그것은 분명 사정 **이후**의 것이라고 말할 수 있다. 이런 경우 쿠퍼액은 문자 그대로 **사정 이후의 액체인 포스트컴**post-cum이라고 할 수 있다.

따라서 전립선 수술 이후의 섹스는 규범적 성의 시간성을 교란할 뿐만 아니라 뒤집을 수도 있다. 나는 이러한 생각을 하면 매우 즐겁다. 나는 특히 장애 성 운동과 전립선 수술 이후 섹슈얼리티 사이의 개념적 결속을 파악할 수 있다. "장애 성 운동은 … 특정 손상을 지닌 개인이 스스로 개발하고 그 개인에게 알맞은 성적 표현의 비규범적인 형식을 지지"할 뿐만 아니라, "사회 전체에 침투한 **섹슈얼리티**의 헤게모니적 개념에 폭넓게 도전한다."[13] 장애 성 운동은 크립 이론과 마찬가지로 헤게모니를 쥔 섹슈얼리티에 도전하기 위해, 다시 말하면 섹슈얼리티 전반을 재고하기 위해 특수한 손상을 지닌 몸의 관점을 이용한다.

헤게모니 섹슈얼리티를 해체하는 장애 관점이라는 이 생각은 2013년 『암 환자 돌봄』 저널에 출판된 논문에서 강력하게 표현된다. 「암 투병 이후 성과 친밀성의 재교섭」이라는 제목의 논문은 딕과 내가 앞선 이야기에서 보여준 것을 수십 명이 똑같이 하고 있음을 보여준 질적 연구를 보여주고 있다. 이 논문은 '성의 재교섭'에 대해서 다음과 같이 대담하게 제안한다. "암에 걸린 몸을 질병이나 실패 혹은 비체의 장소로 배치하는 대신에 '위반의 핵심 장소'로 개념화하면, 협소한 이성애 규범적인 틀 안에서 성을 규정하는 경계들을 무너트릴 수 있다."[14] 나는 "암에 걸린 몸"을 "협소한 이성애 규범적인 틀"로부터 성을 해방하는 수단으로 보는 생각이 마음에 들며, '전립선 수술 이후 프리컴'을 "위반의 핵심 장소"로 설정하고 싶다.

규범적인 성의 시간성 안에서 쿠퍼액은 사실 두 가지 다른 점에서 예비적이다. 사정 이전에 나타난다는 점만이 아니라 성교의 윤활제라는 목적을 가진다고 일반적으로 이해된다는 점에서 그렇다. 그것은 질의 윤활제와 마찬가지 기능을 하는 것으로 이해된다. 나의 이야기에서 밝혔듯이, 질 윤활제와의 유사성은 프리컴이 내게 섹시하게 여겨진 부분이기도 하다. 이런 윤활이 예비적인 역할 이외의 다른 것으로 이해된다면 어떨까? 목적 없는 성교가 있다면 어떨까? 프리컴이 '이성애 성교 의무'coital imperative에서 해방된다면 어떨까?

2013년 『암 환자 돌봄』에 실린 논문은 "이성애 성교 의무에 저항하기"Resisting the Coital Imperative라는 부제를 자랑하듯이 사용한다. "이성애 성교 의무"라는 표현은 1984년, 2001년 각각 '여성 연구 국제포럼'Women's Studies International Forum에 발표된 두 개의 논문에서 사용되었다.[15] 이 표현은 페미니스트 성 이론에서 파생했다. 페미니스트로서 나는 1970년 이후 '이성애 성교 의무에 저항하기'를 실행해 왔지만, '암 투병 이후 성의 재교섭'을 진행하는 그 누군가에게는 이러한 규범 섹스와 그에 대한 나의 저항이 완전히 새로운 함의를 띠었다.

이성애 성교 의무는 비뇨기과 전문의와 그보다 훨씬 대안적인 골반 정형 치료사와 같은 의료 전문가와의 만남에도 그림자를 드리웠다. 일례로 딕에게 아직은 '섹스를 하'지 말라고 하고, 나중에 '섹스를 하'도록 하는 혼란을 낳았다. 이성애 성교 의무의 주요 효과 중 하나는 한 가지 특정한 성적 행위가 '섹스'와 동의어로 여겨진다는 점이다.

전립선 수술 이후에 이성애 성교 의무 때문에 겪은 고투의 중심적인 양상은 발기 능력을 복구하려는 딕의 탐색과 연관되었다. 딕은 매우 강렬히 그 능력을 회복하고 싶어 했고, 그것에 필요한 상당한 노력을 기꺼이 했다. 물론 성공하리라는 아무런 보장이 없는데도 말이다. 우리 둘이 재교섭을 진행하면서 내가 알게 된 것은 나 역시 그의 발기 회복을 강렬히 원했다는 점이다. 하지만 그토록 세심하고 호의적인 골반 정형 치료사에게도 성교 기능 이외의 발기를 상상하는 것은 불가능해 보였다. 이성애 성교 의무라는 틀 안에서 발기는 쿠퍼액과 마찬가지 기능을 한다. 그것의 유일한 가치는 성교에 적합한 것이라는 점이다.

발기를 중요하게 여겼는지 아닌지에 관한 나의 혼란은 그 자체로 이성애 성교 의무와 뗄 수 없는 관계에 있음을 지금 나는 깨닫는다. 그러한 성교 자체가 나의 성적 목적이 아니었기 때문에 나는 발기에 신경 쓰지 않았을 것이다. 전립선 수술 이후의 재교섭은, 딕의 발기가 그의 흥분 상태를 의미하는 것이어서 내가 그의 발기 상태를 좋아했다는 점을 알게 해주었다. 그의 발기에 대한 나의 애착은 프리컴에 대한 애착과 너무나 닮았다. 그의 흥분 상태를 표시해주는 것들을 성교를 위한 도구로서가 아니라 그 자체로 섹시해 보이기 때문에 내가 소중히 여긴 것이다.

「성과 친밀성의 재교섭」은 '이성애 성교 의무'를 다음과 같이 규정한다. 즉 "생물 의학적인 모델은 … 이성애적 페니스-질 교합을 '자연적인' 혹은 '진짜' 섹스로, 다른 형태의 성적 행위를 예비적인 '전희', 선택적인 초과나 단순히 '진짜'가 불가능할 때의 대체물로만 … 둔다."[16] 여기서 문제는 하나의 섹스 행위—"이성애적 페니스-질 교합"—만을 '진짜'인 것으로 우위를 두는 것, 즉 그 결과 다른 모든 성적인 행위들을 '진짜'에 대한 하나의 의견, 초과, 대체물로 축소하는 것이다. '진짜' 섹스 행위를 재생산으로 갈 수 있는 유일한 것이라고 하거나 혹은 섹슈얼리티가 재생산 모델에서 해방된 것으로 여겨지는 시대에 이성애 성교 의무에 대해 섹슈얼리티의 재생산 모델을 유지하는 것이라고 할지도 모른다.

이 책에서 초점을 두고자 하는 것 때문에도 나는 여기서 이성애 성교 의무의 시간적 양상을 언급해야만 한다. 「성과 친밀성의 재교섭」은 '성적 활동의 다른 형식들'이 주변화되는 세 가지 방식들을 개략적으로 제시한다. 주변화의 세 가지 양상 중 처음 언급된 것은 시간적 양상이다. 그것은 "예비적인 '전희'"라는 표현이다. 대안적인 성행위들은 예비적인 것, 즉 시간상 선행하는 것뿐만 아니라 페니스-질 섹스를 쉽게 만드는 전희로서의 의미가 부여된다. 이런 예비적 역할은 쿠퍼액(그리고 질 윤활과 발기)에 부여된 것과 비슷한 역할이다. 대안적인 성행위들은 '이성애 성교 의무' 이전에 결국 그것을 향해 길을 열어주고 가능하게 해주는 것의 의미로 여겨진다. 모리슨의 퀴어한 프로이트적 관점을 따르자면 '이성애 성교 의무'의 시간성은 목적론적이라고 할 수 있다.

「성과 친밀성의 재교섭」에서 다음과 같은 언급이 이어진다. "성교 이전에 진행되는 성적 행위들은 또한 … '궁극적인 친밀함'을 상징하는 … 성교와 대비해서 … 덜 친밀한 것으로 개념화된다."[17] "진행"이라는 단어와 "성교 이전의 행위들"이라는 어구에서 규범적 성의 시간성을 목격할 수 있다. "궁극적인"이라는 형용사는 마지막("일련의 절차를 마무리하는 것")을 의미할 뿐만 아니라 '근본적인'과 '가능한 가장 큰 의미'라는 뜻이기도 하다.[18] "궁극적인"이라는 단어는 강력한 목적론적 의미를 전달한다.

"궁극적인"은 이성애 성교 의무에 대한 2001년의 논문과 똑같은 방식으로 기능하고 있음을 볼 수 있다. 이 논문—「(이성애) 성의 규정: '이성애 성교 의무'는 얼마나 절대적인가?」Defining (Hetero) Sex: How Imperative Is the 'Coital Imperative?'—은 성행위에서 성교의 위치에 대한 의견들을 질적으로 탐색한 논문이다. 이 논문에 다음과 같은 표현이 있다. "성교는 성의 '궁극적', '논리적 완결', '분명한' 진행이다. 그리고 '마지막에 할 보통의 것'이다."[19] 앞에 인용된 단어와 어구들은 모두 이 연구 주체들이 사용한 것들이다. 이 논문은 이성애적 성기 중심의 성교가 섹스의 궁극이자 목적이라는 의미를 지닌 이 어구들을 끌어모은다.

'이성애 성교 의무'는 페미니스트, 장애 성 활동가, 노인의 성 옹호가들의 비판을 받아왔다. 모리슨의 관점에서 '이성애 성교 의무'를 바라보면 성적 목적론의 압도적인 계기를 인지하게 된다. 우리가 시간성에 대한 관심에서 그것을 생각하면 다른 다양한 시간의 양상이 이러한 개념에 엉켜 있는 방식을 목격한다. 「성과 친밀성의 재교섭」을 통해 알게 되는 것은 성교가 "'궁극적인 친밀함'을 나타낸다"라는 점과, 또 다른 주요한 양상의 다른 성행위들과는 그것이 구별된다는 점이다. "성교에 선행하여 진행되는 성적 행위들은 … 유희 혹은 재미로서, 진지한 행동으로 자리 잡은 성교와는 대조적인 것으로 개념화된다."[20] 여기서 섹스는 진행되는 성숙을 암시하는 것으로서, 혹은 "유희 혹은 재미"에서부터 진지한 것으로의 발전이라는 식으로 구성된다.

'(이성애) 성의 규정'의 처음 문단은 이렇게 끝난다. "'이성애 성교 의무'는 … 성숙한 이성애자들이 성교 없는 섹스를 생각할 수 없도록 만든다."[21] "성숙"이라는 단어에 주목해보라. 성교로의 진행은 성숙으로의 진행과 연관된 것처럼 보인다.

'이성애 성교 의무'에서는 성교 없는 섹스를 "생각할 수 없는" 것이라고 단정하는 것에 초점이 있지 않다. '궁극적인' 행위의 부재에 대해 행위자들이 이성애자가 아니라거나 성숙하지 않다거나 혹은 양쪽 다 아니라는 의미를 부여하는 것이 문제다. 모리슨에 따르면, "성 심리 발전에 대한 프로이트의 서사는 … 동성애를 단순히 목적론의 실패로 해석한다." 동성애뿐만 아니라 이성애에서의 그 어떤 일탈도 마찬가지다. "동성애, 페티시즘, 절시증, 노출증, 사디즘, 마조히즘: 다양한 도착은 … 그저 … '예비적인 단계'다."[22] 프로이트의 발전론적인 관점에서 이성애는 성숙의 의미나 마찬가지이며, 이성애 이외의 다른 성은 종종 '예비적인 단계'에 멈추어 '발달이 저지된' 사례, 성적인 발달 서사 '중간에' 갑자기 끝나버린 사례가 되어버린다. 이성애 성교 의무가 끈질기게 시간성을 주장할 때, 그것의 가장 의미 있는 시간성은 일련의 성적인 행위들이 연속해서 발생하는 것(전희로서 도착)이 아닌, 도착으로부터 이성애 규범성heteronormativity으로의 진행을 성적인 성숙으로 보는 발달론적 서사다.

따라서 이성애 성교 의무는 단순히 시간적이거나 목적론적이라기보다는 노화의 개념화와 심대한 연관성을 지닌다. 모리슨이 인용하는 프로이트의 발달론적 모델에서 노화는 아이에서 어른으로의 진행을 의미한다. 2001년 논문에서 이성애 성교 의무와 '성숙한' 이성애가 연관될 때 노화에 대한 목적론적 관점의 흔적들을 목격한다. 노화의 목적론적 관점은 사실 노화의 첫 번째에 해당하는 시기, 아이에서 어른으로의 시기만을 포함하기 때문에 근본적으로 생략적인 특징이 있다. 만일 이러한 발전론적 모델을 우리가 일명 성숙이라고 하는 다른 나이 구분에 적용하면 어떻게 될까?

「성과 친밀성의 재교섭」에 실린 연구에 참여한 자들의 평균 나이는 55세다. 중년 혹은 그 이상의 성인들에게 "암 투병 이후의 성적 재교섭은 '이성애 성교 의무' 바깥에서 성을 다시 규정하는 데 중점을 둔다. 이는 곧 현재의 비-성교 실천을 섹스의 위치에 올려두는 것을 의미한다."[23] 참가자 다수가 '이성애 성교 의무'로부터 해방될 수 있다 하더라도 규범적인 발달론적 모델은 여전히 섹스에 대한 이해의 틀을 구조화한다. 적어도 그들 중 몇몇에게 성교는 성숙한, 어른의 섹슈얼리티를 의미했다.

우리는 전립선 수술 이후의 섹스를 경험하고 난 후 참여자들의 진술에서 이것을 확인할 수 있다. 68세의 전립선암 생존자는 비-성교적 섹스noncoital sex를 "사춘기 성으로 돌아가는 것과 같은 것"으로 묘사한다. 전립선암 환자의 파트너인 45세의 여성 참여자는 비-성교의 친밀성을 "십 대 같은 것"이라고 부르기도 했다. 마찬가지 전립선 암 환자의 파트너인 56세 여성은 그들의 다른 성적 행위에서 "어린 아이 연인이 된" 기분이라고 말한다.[24] 이 참가자들은 성교 후의 섹스postcoital를 좀 더 이른 시기의 성적 경험에 연결한다. 그들은 비록 나이 들고 경험도 있지만, 성교 경험 이전precoital이 아닌 이후의 상태인데도 불구하고, 비-성교의 섹스를 어른의 것이 아닌 사춘기나 심지어 아이의 것으로 관련시킨다.

시간성에 관심이 있는 나는 사춘기 성으로 '되돌아가는 것'에 대해 생각하고 싶다. 발달론적 모델에서 사춘기나 아동기 섹슈얼리티는 예비적인 것으로서, '진짜의 것' 이전에 오는 것이지만, 여기서 시간성의 흐름은 일방통행이 아니다. 앞으로 갈 수도 있고 뒤로 갈 수도 있다. 귀환은 미완결의 흥분이 스며든 이해를 동반할 수도 있다. 성교 이전만이 아니라 이후 모두 포함할 때 성 발달의 목적론에는 과연 어떤 일이 일어날까?

'비-성교의 성'을 성인 이전의 것으로 여기는 점은 섹슈얼리티의 지배적인 재생산 모델의 잔여물로 여기지 않을 수 없다. 그러한 모델에서 어른의 섹슈얼리티는 생식적이다. 예를 들면 '성교'는 쾌락뿐만 아니라 부모가 되는 것이라는 결과로 이어지기 때문에 '놀이나 재미'라기보다는 '진지한' 것이다. 하지만 전립선 수술 이후의 남자는 성적으로 무엇을 할 수 있든 간에 (사정할 수 없기에) 생식은 가능하지 않다. 완경 이후의 여성처럼, 전립선 수술 이후의 남성 역시 생식의 시기를 넘어선다.

진지한, 그리고 생식 위주의 섹슈얼리티를 특권화하는 발달론적 모델에서 '성숙'이 긍정적 가치라면 그 반대인 '미성숙'은 결핍을 뜻한다. 그러나 2013년 연구에서 전립선 수술 이후의 성을 재교섭하는 참여자들에게 '성숙'은 섹스와 연관되는 최고의 특징이 아닐 수 있다. 「성과 친밀성의 재교섭」에서 성인 이전의 섹슈얼리티와 연관되는 것은 분명 유리한 요소다. 아마도 그것이 '놀이나 재미'로 회귀하는 것이기 때문일 것이다. 이 논문은 "사춘기 성처럼", "십 대처럼", "아이처럼"이라는 진술들을 그러모은 다음, "이것은 비교적 이른 시기, 성교 이전의 성적 발견 시기를 연상시킨다"고 설명한다.[25] 이들 성숙한 성인들은 섹스가 '발견'으로 고양되는 순간으로, 미지의 새로운 전율로 고양되는 순간으로 되돌아가는 자신을 본다. 전립선 수술 이후의 성은 놀랍게도 젊음으로 돌아가게 한다.

필립 로스의 네이선 주커만은 마찬가지로 『유령 퇴장』에서 전립선 수술 이후의 우연한 일들을 겪으면서 십 대의 감정을 느끼는 자신을 발견하기도 한다. "나는 그 벤치에 앉아 있는 동안 등교 첫날 내 옆자리에 앉아 있는 처음 보는 여학생에게 마음을 빼앗긴 열다섯 살 소년 같은 기분이었다."(99) 여기서 그의 마음은 최근에 다시 만난 제이미 로건을 생각하느라 완전히 정신이 나가 있다. 그녀를 향한 흥분과 열렬한 욕망은 분명 나이와 연관되어 있다. 욕망에 심취하는 일은 그를 십 대 소년처럼 느끼도록 하며, 어린 시절에 좀 더 가깝고 성년으로부터는 좀 더 먼 "열다섯 살", "소년", "소녀", "학교"와 같은 언어를 소환한다.

『유령 퇴장』에서 주커만을 젊은 시절로 돌려보내는 여성은 제이미만은 아니다. 뉴욕에서 한 주 머무는 동안에 에이미와의 만남이 있었는데, 에이미는 주커만의 첫 소설인 『유령 작가』The Ghost Writer에서 처음 본 순간 매혹당한 여인이며, 그녀와의 만남은 50여 년 전에 일어난 일이고, 그 후 그는 그녀를 한 번도 본 적이 없다. 주커만처럼 『유령 퇴장』의 에이미도 젊지 않다. 주커만처럼 그녀도 암으로 피폐한 상태에 있다. 그가 그토록 젊은 시절에 강렬히 원했던 여성에게 끼친 노화와 암의 영향을 보았지만, 주커만은 에이미에게 소설 중반부에 전화 통화를 하면서 다음과 같은 감정을 느낀다.

> 한때 우리를 에워쌌던 그 충만함을 회복할 수 있도록 하는 코드인 것처럼 그녀의 전화번호를 돌렸다. 마치 삶의 시계를 시계 반대 방향으로 돌리는 것이 부엌 난로 위에 있는 타이머를 재설정하는 것처럼 자연스럽고 일상적인 것이기라도 한 듯이 나는 다이얼을 돌렸다. 심장 박동은 다시 똑똑히 들렸다. 팔을 뻗으면 닿는 곳에 제이미 로건이 있다고 몹시도 바라기 때문이 아니라 에이미의 검정 머리와 짙은 눈 그리고 1956년 확신에 찬 그녀의 표정 때문이다. … 그녀에게 닿고자 하는 나의 확고한 결심이 거의 50년 뒤로 나를 데려갔다. 50년 전 그때는 외국어 억양을 지닌 이국적인 여자애를 뚫어지게 바라보는 일이 아무것도 모르는 소년에게는 마치 만능 정답인 것처럼 보였던 때다. 1956년에 그녀를 만난 애송이로서의 나와 2004년까지 전혀 그럴법하지 않은 방관자로서의 나 … 둘

로 쪼개져 있는 상태로 나는 지금 다이얼을 돌린다.(149-50)

나는 주커만의 욕망에서 비틀어진 시간성이 강조되는 점 때문에 이 부분을 길게 인용하고 있다. "마치 시계 반대 방향으로 삶의 시계를 돌리는 것"이라는 다이얼의 이미지는 회전식 다이얼 전화를 기억하는 우리에게 최고의 효과를 미친다. 나는 또한 "충만함을 회복"하는 일을 거세 이후 팔루스적 젊음으로 복귀하는 것이라고 본다. 에이미를 욕망하는 순간의 과거로 회귀하는 것은—"자연스럽고 일상적"이며—마음 편한 일이다.

여기서 "충만함"은 성숙함이 아닌 젊음에 있다. 설령 주커만이 『유령 작가』에서 에이미를 만난 때가 20대이지만, 여기서 문제의 젊음, "충만함"의 젊음은 어른답지 않음을 의미한다. 예컨대 "아무것도 모르는 소년", "애송이"와 같은 표현에서 "애송이"는 내게 있는 사전에 따르면 "젊고 미숙한 사람", 문자 그대로는 "이제 막 날개깃이 생긴 어린 새"를 지칭한다.[26] 70대의 주커만에게 팔루스적 "충만함"은 젊고 미숙한 이들, 이제 막 비행을 배우는 이들의 것이다.

사실상 팔루스는 프로이트의 성 발달 모델에서 놀라운 위치를 점한다. 프로이트는 인생 후반의 이론화 막바지에 '남근기'phallic stage라는 것을 생각해냈다. 이 단계는 1923년에 쓴 논문에 소개되었고, 그 해는 그가 66세의 나이에 암 진단을 받았던 해다. 이 단계는 이미 확립한 섹슈얼리티 발달 모델에 추가된 사항이다.[27] 남근기는 구순기와 항문기 다음, 성인의 성 이전에 오는, 유아기 성의 마지막 단계다. 프로이트의 성에서 팔루스적인 것의 의미는 성숙한 성인의 성이 아니라, 아이의 성의 최종 단계로서 성기기이지만 생식과는 관계없는 단계다.

남근기는 성숙을 향한 목적론적 등정이라는 프로이트적 관점에서 진지한 성인의 성으로 진입하기 위해 뒤처져 있어야 한다. 프로이트에게 남근은 성의 목적telos이 아니라, 발달 과정에 있는 무엇이다. 성인의 성기기와 상반되는 프로이트의 남근기는 이성애 성교 의무에 무지하다. 남근기의 성은 이성애 성교 의무에 아직 진입하지 않았다.

## 이성애 성교 의무에 저항하기

『암 환자 돌봄』 2013년 호에 실린 논문 「성과 친밀성의 재교섭」이 '이성애 성교 의무에 저항하기'라는 부제를 단 이유는 이성애 성교 의무에 저항하는 자들이 암 투병 이후의 성을 재교섭하는 데 누구보다 성공적임을 밝히기 때문이다. 이 논문의 결론은 다음과 같다. "이성애 성교 의무에 대한 저항이 암 투병 이후의 성적인 변화에 대한 염려를 줄일 수 있는 법을 찾으려는 건강 전문가들의 정보와 지원에서 근본적인 측면이 되어야 한다."[28] 이러한 권고("정보와 지원")의 어투는 완곡하지만, 적어도 결론은 의료화된 성의 문맥에서 볼 때 사실상 혁명적이다. 이 논문은 전립선 수술 이후의 섹스를 위한 건강 전문가들의 표준적인 치료에 중대한 개입을 하고 있다. 그들의 표준적인 치료는 성교를 목표로 발기를 복구하는 데 특별히 초점을 둔다. 「성과 친밀성의 재교섭」은 발기를 가능하게 하거나 유지하게 하려고 의료-기술적 도움을 시도했던 참가자들 대다수가 그 경험에 대해 부정적으로 반응하는 언급을 남겼다고 밝히고 있다.[29] 대조적으로, 그와 같은 성교 이외의 성을 재규정하는 사람들은 훨씬 더 크게 성공했다.

이성애 성교 의무에 저항하겠다는 생각은 페미니스트 성 이론에서 유래한다. 규범적 섹슈얼리티를 비판할 때 페미니스트 성 이론은 퀴어 이론과 연합한다. 규범적 섹슈얼리티의 비판은 의료화된 성의 세계에서는 매우 드물다. 게리 W. 다우셋이 논평하기를, "그 분야를 지탱하는 남성의 섹슈얼리티를 이해하는 것은 … 고작해야 초보적인 수준이다. 그것은 마치 페미니즘과 퀴어 이론 그리고 활동가들이 비뇨기학을 알아보지 못한 채 40년을 보낸 것이나 마찬가지다."[30]

대부분의 개업 의사와 달리, 「성과 친밀성의 재교섭」을 쓴 저자들은 페미니즘과 퀴어 이론에 정통하며, 그들은 암 환자들을 상대하는 건강 업무 종사자들을 위한 제안만이 아니라 섹슈얼리티 연구에 필요한 이론에도 공헌한다. 이전에 언급했듯이, 그들은 암 투병 이후의 성을 재교섭하는 사람들을 연구하는 관점에서 "암에 걸린 신체가 … '위반의 핵심 장소'로서 개념화될 수 있고, 협소한 이성애 규범적인 틀 안에서 성을 규정하는 경계들을 무너뜨릴 수 있다"[31]라고 제안하기도 한다. 암에 걸린 몸을 이와 같은 식으로 개념화하는 일은 섹스에 대한 급진적인 크립 이론의 관점을 끌어들이게 되며, 내가 이 논문에 이론적으로 이토록 열광하는 이유도 바로 이 점 때문이다.

그러나 실제로 나는 여기서 전립선 수술 이후의 섹스에 관한 논문의 함의에 초점을 두고 싶다. 2013년의 이 논문은 페미니스트 성 이론에 따라 딕과 내가 이성애 성교 의무에 저항하며 살아온 수십 년이 수술 이후 딕의 성 불능 상태에서 성을 재교섭할 수 있도록 해주었다는 내 생각을 한층 강화해준다. 그의 불능이 내게 큰 문제가 되지 않을 것이라고 여긴 것은 틀린 생각이었지만, 이성애 성교 의무로부터 우리가 상대적으로 자유로웠던 점이 의료진들의 조언을 받지 않고서도 성공적인 재교섭을 준비할 수 있도록 했다는 생각은 틀리지 않았다.

반면에 로스의 주커만은 이성애 성교 의무 안에 완전히 갇혀 있는 것 같다. 제이미의 초대를 성급히 수락한 후에 주커만은 "기회가 된다 해도 더는 여자를 즐겁게 해줄 수 없음을 … 생각하는" 자신에 대해 생각한다.(52) 소설 끝까지 그는 자신이 하고자 하는 것에 앞서 계속 주저하는 모습을 보이며, 자신의 성 불능이 "여자를 즐겁게 해줄 수" 없음을 의미한다고 굳게 믿는다.

주커만은 「성과 친밀성의 재교섭」에서 "암 투병 이후의 성적인 변화와 연관되는 고통"이라고 지칭되는 것을 상당 정도로 구현한다. 그는 자신을 "한때는 튼튼한 성인 남자의 … 충분히 제 기능을 하는 성기가 있었던 자리에 이제는 쭈글쭈글한 마개 꼭지 같은 것이 있는 남자"로 묘사한다.(109) 이는 우리가 거세라고 부르는 것이다. 소설 마지막 장에서 주커만은 "여자와의 성적 합일이 … 전립선 수술 후에는 가능하지 않다."(278) 주커만에게 전립선 수술은 그를 성 불능으로 만들었을 뿐만 아니라, "여자와의 성적 합일도 무너뜨렸다." 이것 역시 거세를 구현한다.

그는 물론 허구적 인물이지만, 나는 주커만이 현실의 테드 앨런Ted Allan과 대화를 나눴으면 하고 소망해본다. 그는 70대의 유대인 작가이며, 1991년에 출판된 노화를 다룬 책에서 활력 넘치는 역할을 담당한 인물이다. "하지만 당신은 성 불능의 상태인데도 사랑을 할 수 있나요?"라는 질문에 대해 앨런은 이렇게 답변한다. "나는 나와 같은 처지에 있는 사람들에게 우리는 쾌락을 느끼게 해줄 … 다른 수단을 페니스 주변에 지니고 있다는 점을 알려주고 싶다. 만일 두 사람이 서로가 기쁘게 쾌락을 주도록 노력한다면, 그렇게 해줄 다른 수단을 찾을 것이다. 성 불능의 정도가 어떻든 간에."[32]

"성 불능의 정도"라고 하는 것이 자주 듣는 어구는 아니다. 성적 능력은 이원적인 개념, 즉 거세 불안의 이원적인 증상으로 나타난다고 할 수 있을 것이다. 완전 발기 성공 혹은 유지에 실패한다는 첫 번째 징후가 나타나면 일반적으로 영구적인 성 불능 상태가 될 가능성에 대한 두려움이 생긴다. 성 불능의 정도에 관한 앨런의 개념은 전립선 수술 이후에 대한 내 이야기와 공명한다. 그 이야기에서 "2012년, 그 수술이 있었던, 그해가 저물어가면서 … 딕이 완전 발기를 하지는 못하지만, 흥분할 때 페니스가 커진 건 분명 사실이다." (나는 이를 "다소 미약한 발기"라고 부른다.) "2013년을 보내면서 …

그의 발기가 좀 더 오래 유지되었다." 전립선 수술 이후의 성의 재교섭은 내게 성적 능력의 미세한 정도의 차이를 깨우치는 법을 배워나가는 일이 되었다.

앨런은 비아그라가 1998년에 특허받기 이전 시기, "질병으로서 발기 부전erectile dysfunction(일명 ED)이라는 성 불능이 의료화되기 이전" 시기, 즉 우리와 다른 시대에서 말하고 있다.[33] 그의 시대와 우리 시대 사이에서 성 불능은 '발기 부전'으로 바뀌었다. 2006년의 「불량한 동료: 장애인 성 권리와 비아그라」Bad Bedfellows: Disability Sex Rights and Viagra라는 논문에서 에밀리 웬첼은 발기 부전 담론에 관해 장애인 성 권리의 관점(내가 크립 이론의 관점이라고 하는 것)에서 비판한다. 웬첼은 "발기 부전"이라는 어구의 대안으로서 "발기의 차이"를 제시한다. 웬첼은 크립 이론의 관점에서 기능 부전보다는 차이라는 표현을 쓰고, 시종일관 "비규범적인 발기" 그리고 "이상적인 수준의 발기 저하"라는 어구를 사용한다.

의료화된 발기 부전 담론은 성 불능을 이원화할 뿐만 아니라, 성을 이성애 성교 의무의 지배하에 가둔다. 게이 남자와 전립선암에 관한 2009년의 한 논문에 따르면 "발기 부전에 관한 몇몇 연구, 특히 약학적 개입을 다루는 연구들은 발기 부전을 규정하는 데 페니스-질 삽입만을 특정한다. 심지어 구체적으로 특정하지 않을 때도 그러한 기준만이 토론에 자주 함축되어 있다."[34] 노화하는 남성의 몸에 대한 2002년의 한 논문은 훨씬 더 규정적이다. 예를 들면 "페니스 발기, 그것은 질에 삽입하는 능력으로 규정된다."[35] 발기 부전은 의학적으로 페니스-질 성교를 수행할 수 없는 무능력으로 규정된다.

게다가 규범적인 성교 능력potency에 대한 이런 생의학적인 규정은 정신 건강마저 포함한다. 「성과 친밀성의 재교섭」에 따르면, "'이성애 성교 의무'는 … 미국심리학회의 『정신 장애 진단 통계편람』Diagnostic and Statistical Manual of Mental Disorders(DSM)에 있는 '성 기능 부전'에 대한 규정들에 기술되어 있으며, 이는 이성애 성을 수행할 수 없음을 병리적인 것으로 진단하는 데 동원된다."[36] 나는 1970년대 게이 해방 투쟁을 기억하는 사람으로서 현재 『정신 장애 진단 통계편람』의 이러한 설명에 멈칫하게 된다.

『정신 장애 진단 통계편람』은 동성애를 탈병리화하는 전투의 중요한 장소였다. 1973년에 『정신 장애 진단 통계편람』에서 동성애를 빼낸 것(이전에는 질병이나 장애의 이름으로 있었던 데 반해)은 게이 해방의 획기적인 승리 중의 하나로서, 공식적으로 더는 동성애를 질병으로 보지 않음을 의미했다. 그런데 2013년의 『정신 장애 진단 통계편람』에서 '성 기능 부전'에 대한 설명을 보면, 마치 공식적인 동성애 탈병리화 이후 40년이 지난 시점에서 이성애 성을 수행할 수 없음을 기능 부전의 병리적인 성으로 규정하는 듯이 보인다.

## 장기간에 걸쳐 변화하는 섹슈얼리티

필립 로스의 『유령 퇴장』은 노화에 관한 것이기도 하지만, 의료화에 대한 책이기도 하다. 주커만이 제이미와 에이미를 만나는 극적인 내용 이전에도 이야기 속의 모든 행위가 그 '절차'를 밟기 위해 뉴욕으로 가려는 그의 결심에 따라 가동된다. 주커만은 이 절차를 밟는 일이 비록 다른 모든 일에 대해 그가 느끼는 것과 마찬가지로 어리석은 짓이라고 느끼지만, 처음부터 그렇게 느낀 일이며, 그런데도 그렇게 선택한다. 그는 의사를 만날 약속이 있는 건물 엘리베이터에서 에이미를 처음 본다. 그녀 역시 환자다. 물론 담당의는 다르지만. 주커만과 에이미 둘 다 연장자로서 그리고 암 유병자로서 의료화 세계에 거주하고 있다.

비록 주커만의 절차가 성 불능에 관한 것이 아니라 요실금 처치를 위한 것이지만, 소설은 시종일관 그의 성을 의료화하는 일과 얽혀 있다. 주커만에 따르면 그의 수술은 "여성과의 성적 합일을 무너뜨렸다." 그를 거세한 것은 의사의 칼이라고 할 수 있다. 주커만의 딜레마는 의료화된 성의 세계에 놓인 노인의 딜레마다. 주커만은 1995년에 전립선 절제술을 받았고, 이 시점은 의료화에 따라 노인의 성에 관한 우리 문화의 이해가 바뀐 시점이다.

1995년, 성 불능에 대한 마구잡이 의료화에 관해 글을 쓴 리어노어 티이퍼Leonore Tiefer, 비뇨기과에서 심리학자이자 성 과학자로서 일했던 그가 설명하기를, "의료화는 … 이전에는 의학 분야로 여겨지지 않던 전체 영역에까지 의학이 권위를 행사하게 되는 … 점차적인 사회의 변화다." 티이퍼는 또한 의료화의 두 가지 유형에 대해 말한다. "한 가지 유형은 이전의 일탈적 행위가 … 의학적 문제로 재규정되는 경우이며, 두 번째 유형은 보통 삶의 사건들이 의학적인 문제로 재규정되고 종종 노화와 연관된 신체 변화에 초점을 두는 경우다."[37] 퀴어 이론은 의료화의 첫 번째 유형에 초점을 두고 비판해왔다. 섹슈얼리티와 노화의 교차를 연구하는 학자들은 두 번째 유형의 강력한 효과에 주목하도록 하고 있다. 일탈의 의료화는 19세기 후반과 20세기 초반에 일어난 일이며, 노인의 성을 의료화했던 것은 그로부터 1세기 이후에 일어난 일이다.

노화와 성에 관련해 변화하는 역사적 구성을 연구했던 스티븐 카츠와 바버라 마셜에 따르면, 1세기 전 "성적인 쇠퇴는 노화의 불가피하고 보편적인 결과로 여겨졌다."[38] 이런 관점은 20세기 대부분에 걸쳐 지속되었다. 사실상 이런 쇠퇴에 대한 긍정적인 해석이 있었다. 예를 들면 "19세기와 20세기 초반의 일반적인 지식은 탈-성적인 삶post-sexual life의 이점들을 칭송했었다."[39] 모더니즘 시대의 일반적인 견해에 따르면, "노화 단계에 있는 개인은 탈-성의 원숙함이라는 특별한 도덕적 이점을 이해하도록 … 기대되었다."[40] 탈-성postsexuality은 "도덕적 이점"을 시사했다. 노년에 대한 우월성이 있으며, 열정 너머의 것에 대한 지혜도 있다. 카츠와 마셜에 따르면, "1세기 후에 우리는 이러한 가정들이 완전히 역전되는 … 문화에 있게 될 것이다. 정상적인 노화와 연관된 성적 능력의 쇠약함이 지금은 … 치료 상품과 서비스를 필요로 하는 성적인 기능 부전으로서 병리화된다."[41] 요약하면 노년의 성은 의료화되었다. 이러한 역전이 1980년대와 1990년대에 발생한다.

2002년과 2003년에 마셜과 카츠는 우리 문화가 노인의 성을 이해하는 것과 관련해 이런 역사적 변화를 연구하고 그 연구를 바탕으로 두 개의 중요한 논문을 발표했다.[42] 로스는 『유령 퇴장』의 배경을 같은 시기, 즉 2004년으로 한다. 이 소설에서 주커만의 딜레마는 마셜과 카츠가 대략적으로 묘사한 노인의 성에 대한 두 가지 해석, 주커만의 인생 대부분을 차지했던 모델과 1990년대에 휩쓸기 시작했던 새로운 모델 사이의 투쟁으로 읽힐 수 있다.

주커만은 자신이 따라야 한다고 믿는 길, 즉 지혜로운 길은 탈-성의 삶을 받아들이는 것임을 여러 번 반복해서 주장한다. 그가 일관되게 탈-성적 삶의 우위를 주장하지만 그런데도 그는 성적인 욕망의 유혹에 빠지지 않을 수 없다. 소설이 강조하는 것처럼, 이런 약점은 의학적 회복을 믿고 싶은 유혹에 빠지는 것과 비슷하다. 그는 의학적 회복을 바라는 마음이나 터무니없는 것으로서의 성적 욕망 둘 다를 멀리하면서도, 다른 한편으로는 계속해서—그의 의지에 반하여—욕망과 희망을 선택한다.

주커만은 전립선 수술 이후의 상황에 대한 두 가지 다른 관점 사이에서 그렇게 분열되어 있는 것으로 보인다. 한쪽 관점에서 그는 자신의 탈-성적 상황이 돌이킬 수 없다는 점에 수긍해야 하며, 다른 관점에서 그는 욕망을 느끼지 않을 수 없다. 주커만의 딜레마에 대해 내가 놀라워하는 점은 노인의 성에 대한 두 가지 다른 문화적 이념 사이, 즉 20세기에 전반적으로 지배했던 관점과, 주커만의 전립선 수술 이후 순간인 세기말에 현저하게 드러난 관점 사이의 충돌을 무대에 올리는 것이 어떻게 보일 수 있는가 하는 점이다.

주커만은 오래된 모델에 대한 믿음이 있다. 그것이 그를 위로해주며 그의 삶을 의미 있게 해준다. 이 모델은 그가 콘래드의 「그늘의 경계」, 즉 1세기 전에 출판된 이 소설을 참고했음을 확실히 뒷받침해준다. 내가 지금껏 주목했다시피, 콘래드의 단편소설은 성급한 젊음과 대조되는 노인의 우월한 지혜에 관한 것이다. 콘래드가 성급한 순간들을 젊음에 속하는 것으로 분명히 표현했다면, 『유령 퇴장』에서 주커만은 노년의 나이에도 불구하고 성급한 순간들이 그에게는 일어날 수 있음을 배워간다. "나는 … 보통 젊음과 관련된, … 「그늘의 경계」의 확고부동한 신참 선장과 같은 젊은이와 관련된 드라마가 … 연장자를 에워싸고 펄쩍 뛰게 할 수 있다는 사실을 … 71세에 배우고 있었다."(122-23) 『유령 퇴장』은 콘래드의 성숙 개념과는 관련 없는 무언가로 에워싸인 그라는 존재의 이야기다. 이 이야기는 노인의 성에 대한 새로운 21세기 모델에 둘러싸인 존재로서 주커만을 묘사한다.

20세기에서 21세기로의 전환기에 심리학자이자 세계 성과학 학회World Association for Sexology의 전임 회장인 일라이 콜먼Eli Coleman은 '새로운 성 혁명'을 선언했다. "남성에게든 여성에게든 똑같이 노년의 의미가 성적 행위의 종결을 뜻하는 것은 아닐 것이다."[43] 여기서 새로운 모델이란 노년을 극복하는 전진 혹은 진보의 의미를 과시한다. 마셜은 콜먼의 "노화와 관련된 성적 제약들로 끝을 맺는 … 상당히 자세히 설명된 진전의 이야기"를 인용하면서, "이 이야기는 성과 노

화의 매우 복잡한 역사를 지워버리는 문제적인 이야기다"라고 주장한다.[44]

마셜은 새로운 모델이 발전된 것임을 인정한다. 그녀는 이렇게 쓴다. "새로운 담론은 연장자들을 욕망도 없고 바람직하지도 않은 상태로 묘사하는 과거의 관점에 비해 분명 개선된 것이기는 하다."[45] 나는 결단코 노인의 성을 인정하는 것의 가치를 축소하고 싶지 않다. 사실상 그것은 이 책의 목표 중 하나이기도 하다. 하지만 페미니스트 성 이론이 20세기 중반의 '성 혁명'을 비판했던 것처럼, "문화적 노인학과 페미니스트 문화 연구의 최근 작업은" 이런 "새로운 성 혁명"에 대한 "지나친 찬양의 독해를 약화시킬 수 있다."[46]

피임약과 20세기 중반 성 혁명의 관계는 비아그라와 새로운 성 혁명이 맺고 있는 관계와 같다. 노인의 성을 다루는 새로운 모델에 관한 첫 번째 논문에서 마셜과 카츠는 이렇게 쓴다. "이러한 관점을 보장하는 한 가지 사건을 뽑을 수 있다면, 그것은 … 1998년 봄 비아그라의 도입이라고 해야 할 것이다."[47] 마셜과 카츠는 비아그라가 새로운 모델의 원인이 아닌 결과라는 점을 명확히 한다. 설령 새로운 모델이 온통 주커만을 에워싸고 있다 해도, 그리고 『유령 퇴장』이 비아그라의 시대를 배경으로 한다 해도, 그는 그것을 사용하거나 심지어 언급조차 하지 않는다. 하지만 전립선 수술 이후에 대한 내 이야기에서 딕은 시알리스, 즉 2003년 도입된 비아그라의 경쟁 약품을 복용한다.

우선 시알리스가 의료화된 이성애 성교 의무에 우리를 묶어놓았음을 인정하면서도, 딕이 그것을 기꺼이 섭취했음을 말해두겠다. 나의 관점에서 볼 때, 매일 복용하는 시알리스는 발기의 틀 안에서 즉각적이고 직접적인 도구의 의미가 상대적으로 적기 때문에 비아그라보다 낫다. 시알리스는 성행위 시간에 섭취하는 것이 아니기 때문에 성행위를 하는 동안 페니스가 커지는 현상은 알약의 효과이기보다는 상호작용의 결과인 것처럼 보인다. 그러나 나는 시알리스를 선호하지만, 발기 부전 치료 알약을 사용하는 일이 노년의 성에 대한 새로운 생의학적 양식에 우리를 완전히 걸려들게 해온 점을 인정하지 않을 수 없다.

짐작하건대 현대 의료 요법들에 대해 가장 예리하면서도 이론적으로 설득력 있는 비판은 웬첼의 2006년 논문인 「불량한 동료」라 할 수 있다. 이 논문은 성, 장애, 노화에 대한 3중 초점을 공유하고 있는 극소수의 글 중 하나이기에, 나는 여기서 다소 길게 그 글을 인용할 것이다. "비아그라는 개인의 삶에 진짜 행복을 가져다줄 수 있는 유용한 기술적 개입이 될 수 있다. 하지만 이런 개별적 행복은 노화를 병리적인 것으로 하는 성적, 육체적 작용 면에서 개념론적인 변화를 대가로 해서 찾아오며, 그것은 협소하게 규정된 규범적인 신체 기능에 비판적인 관점을 채택하지 않고 성적인 측면에서의 노인 차별주의를 촉진한다. … 노화와 관련된 성적인 변화가 곧 의학적인 문제라고 생각하는 관점을 채택하게 되면 제한적인 규범들에 도전하는 방식으로 노화와 장애를 재개념화하려는 연장자들의 능력을 심각하게 방해할 것이다."[48]

장애 인권의 관점과 크립 이론의 관점을 채택할 때 비아그라와 같은 치료법에 대한 웬첼의 반응은 복잡하다. 그녀는 개인이 그것을 사용하는 것에 반대하지는 않지만, 그것의 문화적인 대가를 강조한다. 웬첼의 비판은 비아그라나 다른 어떤 치료법 자체에 대한 것이 아니라, 그것을 발견할 수 있게 하고 그것이 발견됨으로 인해 강화된 규범에 관한 것이다. 그녀가 분명히 주장하는 바는 우리가 비아그라(나 시알리스)를 복용하느냐 마느냐가 아니라, 성 불능의 병리화에 따라 어떠한 성 개념이 수반되는지다.

어쩌면 바바라 마셜만큼 발기 부전의 병리화를 넘어 성의 새로운 개념을 밝히는 데 더 연관된 이는 없었을 것이다. 마셜은 웬첼처럼 장애 인권 관점에서 명백히 연구하지는 않지만, 노인의 성에 대한 현재 모델에 대해서는 비슷한 판단을 내린다. 최근 그녀는 티나 바레스Tina Vares의 2009년 논문에서 오싹하고 귀여운 표현을 따와서는 이 새로운 모델을 "섹시한 노친네"sexy oldie 담론이라는 호칭으로 불렀다.[49] 2012년, 딕이 전립선 절제술을 받았던 해에 마셜은 이렇게 쓴다. "무성적 노인에 대한 모순적 대안들 그리고 '섹시한 노친네' 담론은 연장자들의 경험에 관해 질적인 연구를 통해 파악해온 것과 공명하지 … 않는다. … '무엇에나 들어맞는' 식의 생의학적 모델과는 상반되는, 인생 후반의 성에 존재하는 다양성을 알아볼 좀 더 많은 연구가 시급하다."[50]

마셜이 여기서 이름 붙인 "모순적 대안들"은 노인에 대한 20세기 모델과 인생 후반의 성에 대한 21세기 새로운 모델의 대비이며,

노인은 성적이지 않다거나 혹은 과거의 그들처럼 젊은이들도 마찬가지로 성적이라는 식의 대비다. 이 대안들은 정확히 네이선 주커만이 『유령 퇴장』에서 씨름한 문제다. 그 소설에서 어느 하나의 대안을 선택하는 것은 불가능한 것으로 밝혀진다. 주커만과 소설이 이 둘 사이에서 흔들리듯이. 그는 어느 쪽도 그의 경험에 딱 들어맞지 않기 때문에 선택할 수 없다.

2012년 글에서 마셜은 주커만의 이중 구속에서 벗어날 방법은 자신이 "인생 후반의 성에 있는 다양성을 인정(하기)", "성적 행위들"이라는 복수형을 사용하는 데서 이미 인정받은 다양성을 수용하는 일이 될 것이라고 제안한다. 이 복수의 다양성 때문에 마셜은 웬첼—'발기 부전'을 '발기의 차이'로 재명명하는—과 크립 이론 모델에 가까이 가게 되며, 퀴어와 반규범성을 옹호하게 된다.

나는 분명 이런 다양한 복수의 성을 포용하지만, 그것이 네이선 주커만을 도울 수 있을 것이라고는 생각하지 않는다. 자신의 딜레마에 대한 주커만의 언급은 마셜이 10년 전에 공저자인 스티븐 카츠와 함께 한 주장에 더 공명한다. 주커만이 비뇨기과 의사를 만나러 뉴욕으로 가기 딱 1년 전인 2003년에 카츠와 마셜은 『노화 연구 저널』Journal of Aging Studies에 논문을 발표하는데, 그 글의 결론은 다음과 같다. "긍정적인 노화가 성적인 활동과 쾌락에 대한 노인 차별주의적 고정관념을 시정하기 위해 노화하는 몸에서 성적인 쇠약함을 분리해냈기 때문에, … 우리 문화는 시간을 벗어난 삶이라는 불가능한 관념에 노출된다."[51]

마셜과 카츠가 "영구불변의 기능"이라고 일컫은 새로운 성 이념에서 가장 문제가 되는 부분은 "영구불변" 부분, "시간을 벗어난 삶이라는 불가능한 관념"이라는 부분이다. 성에 대한 새로운 이상은 시간성을 거부하고 노화를 거부하는 것이 되어버렸다. 하지만 '인생 후반의 성'을 인정하는 것, 노년을 인간의 성에 포함하는 것은 곧 성을 시간적인 것, 시간에 따라 변하는 것이라고 주장하는 것을 의미한다. (퀴어 및 장애 옹호와의 유사성을 토대로 둔) 차이와 다양성의 무시간적 모델은 한계가 있다. 노화의 정점은 시간성이며, 진정으로 노화를 성의 개념화에 포함하는 것은 "시간을 벗어난" 성 이념에 저항하는 것을 의미한다.

필립 로스가 좀처럼 성적 다양성의 포용을 위한 모델을 제시하지 못한 채 이성애 성교 의무에 얽매어 있는 한편, 그의 전립선 수술 이후를 다룬 이야기는 노화란 전적으로 시간성에 관한 것이라는 인정에 굳게 입각해 있다. 『유령 퇴장』에서 네이선 주커만은 원숙한 탈-성의 존재가 되는 것이 아무리 편안하더라도 불가능하다는 점을 확실히 깨우친다. 그러나 영구불변의 기능이라는 새로운 관념 역시 마찬가지로 불가능하다. 1장인 「지금 이 순간」부터 마지막 장인 「성급한 순간」까지 70대 주커만의 섹슈얼리티 탐구는 시간성을 주장한다.

프로이트는 100여 년 전 『섹슈얼리티 이론에 관한 세 편의 논문』Three Essays on the Theory of Sexuality(1905)에서 사실상 섹슈얼리티에 시간성을 부여한다. 프로이트는 유아기 섹슈얼리티를 인정하기 위해 기꺼이 다른 섹슈얼리티들을 인정해야만 했고, 섹슈얼리티의 다양한("다형적인"polymorphous) 구현을 인정하기 위해서 이성애 성교 의무 너머로 확장할 수 있어야만 했다. 유아기 섹슈얼리티에 대한 그의 공식화는 그래서 다양한 범위의 성적인 양상을 포함할 뿐만 아니라 섹슈얼리티를 장시간에 걸쳐 변하는 것으로 이해한다. 불행히도 그의 시간표는 성인에 도달했을 때 끝난다. 프로이트는 노화가 섹슈얼리티의 쇠퇴를 의미한다거나, 노화가 거세의 형식이라고 하는 그 시대의 가정을 공유했다.[52] 그런데도 성인에 도달하기 이전 섹슈얼리티의 시간성에 관한 그의 연구, 팔루스의 시간성에 대한 그의 사상은 좋은 출발이 되었다. 퀴어 이론가들 역시 2003년 이후로 섹슈얼리티의 시간성을 주장해왔으나, 프로이트처럼 그들도 어른의 섹슈얼리티보다는 어른 이전의 섹슈얼리티에 초점을 두어왔다.

만일 '성숙한' 섹슈얼리티가 곧 유아기 섹슈얼리티의 정반대의 것뿐만 아니라, 우리가 오늘날 완곡하게 원숙하다고 표현하는 사람들의 섹슈얼리티까지 의미한다면, 우리는 생애 경로 전체에 걸친 성의 시간성을 파악할 수 있을 것이다. 이번 장의 마지막 절의 제목 '장기간에 걸쳐 변화하는 섹슈얼리티'를 통해 나는 장기적인 연구라는 생각을 반영하도록 했다. 장기적인 연구는 심리학에서는 삶 전체에 걸친 발달의 흐름을 연구하기 위해, 그리고 사회학에서는 전 생애에 걸친 인생의 사건들을 연구하기 위해 사용된다.

마셜과 카츠가 윤곽을 그린 두 개의 모델은 사실상 생애 경로에 걸친 섹슈얼리티의 개념화이긴 하지만 장기간에 걸친 것은 아니다. 새로운 영구불변의 기능적 모델은 시간성을 완전히 거부한다. 적어도 이전 모델이 노화를 인정하긴 하지만 그것은 목적론적 모델이다. 거기에서 노화는 원숙함, 현명한 탈-성에서 행복한 결론으로 재현된다. 목적론이 시간적 모델일 수 있지만, 그것은 다양한 시간성을 봉쇄하려는 환원론적이고 일방적인 모델이다.

어느 쪽 모델도 노년의 시간성에 대한 『유령 퇴장』의 정교한 의견에 부합하지 않는다. 어느 쪽 모델도 거세 이후 주커만의 성에 대한 탐문을 설명할 수 없다. 내가 전립선 수술 이후 성이 보여주는 낯선 시간성을 고려하는 것은 단순히 노인을 성에 포함하려는 제스처만은 아니다. 그것은 노인을 진정으로 포함하는 것이 급진적이고 다양한 시간성으로 성을 개념화하는 일임을 인정하려는 제스처이기도 하다.

# 결론

## 팔루스와 팔루스의 시간성

이 책은 후발 장애의 경험을 기반으로 한다. 후발 장애, 즉 노화와 장애가 복잡하게 얽히는 상황은 어김없이 성과 젠더에 대한 위협으로 그려진다. 이 책은 그러한 위협, 그렇게 임박한 상실을 거세 불안의 형태로 이론화한다. 그래서 우리는 여기 종종 조롱받으며 분명히 문제적인 정신분석학의 팔루스 개념으로 돌아오게 되었다.

이 책에서 팔루스는 프로이트와 라캉의 이론에서 유래하지만, 여기서 팔루스는 퀴어 시간성에 대한 21세기의 이론화를 경유해 재고된다. 팔루스에 대한 시간적 이해의 열쇠는 거세와의 필연적인 관계에 있다. 정신분석 이론에서 팔루스는 개념적으로 거세와 분리될 수 없지만, 그 둘의 관계는 정적인 대립 관계가 아니라 시간적이다. 팔루스를 소유한다는 의미는 **미래의** 거세에 대한 두려움이 있다는 의미다. 다른 한편, 거세된 듯하거나 거세됨을 느끼거나 '거세'된 사람은 논리적으로 **과거에** 팔루스를 지녔던 것임이 틀림없다. 설령 팔루스를 소유함과 거세됨이 두 종류의 다른 사람을 특징짓는 것처럼 보인다 해도, 심리 이해에서 그 둘은 사실상 같은 삶의 두 가지 다른 순간을 나타낸다.

전통적으로 팔루스의 이분법은 젠더와 연관된다. 남자는 팔루스를 가지지만 그것을 잃게 되지 않을까 두려워하고, 여자는 과거 언젠가 그것을 상실했다. 이런 젠더화된 연상으로 인해 팔루스/거세의 이분법은 특히 불쾌한 것이 되며 이론적으로도 사용되지 않게 된다. 젠더화된 연상은 또한 이 대립이 본질이 아니라는 점, 시간성과 연루된 사실을 감추는 경향이 있다.

이 책에서 팔루스/거세의 대립은 젠더를 구별하기 위해서가 아니라 후발 장애와의 관계에서 출현한다. 이런 문맥에서 거세는 장애나 노화에 대한 비유이며, 팔루스는 젊음과 비장애에 속한다. 이러한 구분은 후발 장애의 문맥에서 분명하고도 확실히 시간적이다. 따라서 프로이트의 사상에 있는 팔루스의 암묵적인 시간성이 활성화되고 유용해진다.

내가 거세 개념에서 불쾌한 감정을 느낀 것은 그것이 여성을 열등한 존재로 연상시키기 때문이었지만, 성인이 되어서나 노년에 다가설 때 나타나는 장애가 거세를 의미한다는 가정이 얼마나 만연해 있는지를 깨달았을 때 그 개념으로 돌아올 수밖에 없었다. 젊은 사람들이 나이가 들면 '그것을 잃게 되지 않을'까 두려워하고, 성인이 되어 장애를 갖게 된 사람들은 장애가 자신들의 성이나 젠더를 빼앗아간다고 느낄 수 있다. 장애와 노년을 거세로 비유하는 것은 이제는 젊지 않은 우리, 더는 비장애가 아닌 우리에게만 영향을 미치는 것이 아니다. 그것은 장애나 젊음의 상실을 두려워하는 (그리고 젊음의 상실을 장애로 두려워하는) 모든 젊은이 혹은 비장애인에게도 영향을 미친다.

후발 장애와 그것이 젠더 및 성에 미치는 영향에 관한 연구를 검토하는 이 책은 팔루스와 관련된 다양한 시간성의 특징을 밝힌다. 이런 시간성 중 일부는 규범적이며, 나는 대안적, 퀴어적, 반규범적 시간성들을 수용한다. 규범적인 시간성은 여러 무력화의 효과(불안, 우울, 비인간화, 억압)를 전달한다. 나는 이 책이 규범의 작동을 밝혀내고 대안을 옹호함으로써 이런 무력화하는 효과에 저항할 수 있기를 바란다.

1부 「하이힐과 휠체어」에 배치된 팔루스의 규범적인 시간성은 거세 공포의 시간성이다. 이 시간성에서 팔루스는 예기치 않게 그리고 폭력적인 방식으로 최종 상실된다. 따라서 주체는 영구 거세된다(또한 소급적으로만 팔루스를 소유하고, 지금은 상실했으며 그래서 너무나 아쉬운 과거로 남는다). 이는 장애에 대한 비장애인의 공포와 연관된 시간성이며, 또한 장애를 뒤늦게 지니게 된 성인이 능력 상실을 경험하는 시간성이다. 마거릿 모건로스 걸레트에게서 배웠듯이, 이것은 중년의 시작을 비극적인 상실과 돌이킬 수 없는 쇠퇴로 경험하는 시간성이다.

이 규범적인 시간성을 확립하는 것 말고도 1부에서는 거세에 대한 두 가지 대안적 시간성의 발견 또한 제시한다. 한 가지 대안은 후발성 장애를 지닌 레즈비언 부치-펨 이야기에서 찾은 것으로서 반복에 해당한다. 이 이야기들에서 거세는 최종적이라기보다는 반복되고 있으며, 반복의 경험은 팔루스가 거세 이후에 돌아오고, 다시 상실하고 다시 찾는 그러한 시간성을 제안한다. 또 다른 대안적 시간성은 나의 과거 회고 이야기와 『채털리 부인의 연인』에서 찾은 것으로, 팔루스가 영원히 상실되는 듯 보이는(서사가 규범적인 거세의 시간성을 따르는 듯 보이는) 것이지만, 그 후 놀라운 선회로 거세 이후의 팔루스를 조우하기에 이른다. 이런 이야기들에서 귀환은 반복이 아니다. 왜냐하면 팔루스가 거세의 바로 그 자리인 **휠체어로** 돌아오는데, 장애임에도 돌아오는 것이 아니라 장애 때문에 돌아오기 때문이다. 귀환한 팔루스는 분명 퀴어적이고 장애이며 또한 규범적 젠더의 경계를 횡단하며 도착적인 성을 받아들인다. 이 책은 휠체어-속-팔루스를 거세 공포의 대안적 산출로 제시한다. 「하이힐과 휠체어」는 휠체어-속-팔루스를 인생 후반의 희망과 기쁨을 위한 불구의 아이콘으로 승격시킨다.

2부 「전립선 수술 이후의 섹스」는 팔루스 시간성의 다른 양상들에 역점을 둔다. 그것은 팔루스의 생리학, 성행위의 순서 배열, 생애 경로에 걸친 성적인 활동의 진행을 들여다본다. 우리는 팔루스적 섹슈얼리티의 다양한 양상 각각에서 규범적 시간성과 저항적 대안을 발견한다. 규범적인 시간성은 '정상적인'normate 젊은 남자의 몸뿐만 아니라 이성애 재생산성을 특권화한다. 이런 규범적인 시간성은 퀴어, 장애 혹은 노년의 성적인 신체에 불안, 수치, 거세를 부여한다.

이 특별한 불안, 수치, 거세는 21세기 초반 필립 로스의 전립선 수술 후를 다룬 소설에서 (대단히 세부적으로) 탐구된다. 로스의 소설을 나이 든 남자의 성에 관한 최근의 의학적 현상으로서 연구한 바바라 마셜과 스티븐 카츠의 글과 연계해서 읽어보면, 우리는 노년의 성에 관한 두 가지 모델을 만나게 된다. 한 가지 모델은 탈-성적인 특성으로, 노년을 읽는 20세기적 규범이다. 또 다른 모델은 (의학적인 구제 덕분에) 젊은 사람과 똑같이 기능하는 나이 든 사람의 것으로서, 지금 시대의 규범이다. 두 가지 모델 다 로스의 주인공에게는 무력화되는데, 양쪽 모델 사이에서 흔들리는 점, 그의 저항이 바로 어느 한 모델을 선택할 수 없는 점에 있다.

전립선 수술 이후의, 그리고 탈-생식의 성에 집중하는 2부는 유아기에서 어른의 성으로 이동하는 표준적인 발달 모델 너머로 팔루스의 시간성을 끌어들인다. 여기서 성숙한 섹슈얼리티라는 규범적 관념이 개입하게 되는 이유는, 내가 프로이트의 발달론적 모델에 대해서 도착적 섹슈얼리티로부터 생식의 섹슈얼리티로 인도하는 목적론이라고 의심하고, 생식 가능한 시기가 지난 사람들(오늘날 우리가 원숙함이라는 말로 돌려 말하는 이들)의 섹슈얼리티와 그 모델이 맺는 관계에 대해 궁금해하기 때문이다. 암 이후의 섹스에 대한 설명에서 우리가 알게 되는 것은 인생 후기에 사춘기 혹은 심지어 아이의 성으로 귀환하는 전율에 관한 것이며, 이는 단선적 지향의 발달론적 시간성에 대한 대안을 제안한다.

1부에서 팔루스의 예기치 않은 등장이 이야기 마지막에 이루어진다면, 2부는 지배적인 결말을 또 다른 규범적인 팔루스 시간성으로 확립하고, 그 결말에 대한 대안들을 탐색한다. 2부는 성에 대한 규범적인 이해에서 다양하게 표현되는 목적론에 대해 숙고하는데, 그 표현들에는 노년을 (열정을 넘어서기 때문에) 성숙하고 지혜로운 것으로 보는 모델부터, 이성애 성교를 (생식의 목적론에 따라 기입된) '궁극적인' 성행위로 보는 의견, (프로이트가 "마지막 쾌락"이라고 불렀던) 사정의 특권화에 이르는 표현에 이르기까지 다양하다.

2부는 지배적인 결말과는 대조적으로 이른바 도중the middle이라는 낯선 시간성을 채택한다. 그 도중에 대한 좋은 비유는 전립선 수술 후를 다룬 회고록에서 프리컴을 특권화하는 것이며, 이 프리컴은 결말-에-앞선before-the-end 것으로서 명백하게 시간적인 목적지가 있는 팔루스적 실체다. 프리컴에 관한 이해는, 분명 시작은 되었는데 어찌 끝내야 할지를 모르는 흥분되는 순간들에 가치를 둘 수 있을 것이다. 이 도중의 시간성은 (비극적이든 행복한 것이든) 결말을 중요시하는 세계나 제도화된 생애 경로가 독점하는 세계에서는 낯설어 보이지만, 미리 정해지거나 규범적인 서사 반경에 있는 것이 아니라 생생하게 활력적인 존재, **시간 속의** 존재에 대한 경험을 마침내 대변할 수 있다.

## 장기간에 걸쳐 변화하는 정체성

이 책은 퀴어와 크립 이론의 관점을 확장하고 노화를 포함함으로써 섹슈얼리티 이해에서 시간성의 중요성을 주장했다. 따라서 시간성을 옹호하는 나는 일관되게 '영원'으로 표시되는 그 어떤 개념화에도 반대했다. 이 '영원'은 이 책의 두 부분에서 다른 모습으로 위장한 채 등장한다.

1부는 '영원한 거세'의 관념, 즉 일단 팔루스를 상실하면 영구적이고 불변하는 거세 상태에 놓이게 된다는 생각을 비판한다. 하지만 1부 끝부분에서 말했듯이 나는 영구적인 거세의 전망을 '팔루스의 영구성', 안정적이고 분명한 팔루스로 대체하고 싶지는 않다. 후발 장애와 그것에 따른 불안의 관점에서 좀 더 심각한 문제는 팔루스적이거나 거세와 관련된 것이 아니라 '영원', 즉 시간에서 벗어나 정지 상태로 향하는 운동이다.

영원에 대한 비판은 2부에서 재등장한다. 마셜과 카츠는 인생 후반에 있는 남성의 성에 대한 21세기 새로운 모델을 "영구불변의 기능"이라 부른다. 이 모델은 생생하고 변화하는 것이 아니라 정적이고 시간을 벗어난 성적 이상을 제안한다. 이 모델은 1부에서 내가 팔루스적 영원이라 부른 것의 한 가지 변형으로서, 장애를 주변화하고 노화를 부정한다. 나이 든 남자의 거세 불안 치료를 가장한 이 모델은 그 불안을 강화하고 증가시키며 그 불안을 이용한다.

린 샌드버그에 따르면, "섹슈얼리티는 … 정적이지 않고 생애 경로에 걸쳐서 변한다."[1] 2부 마지막에서 나는 '장기간에 걸쳐 변화하는 섹슈얼리티'라는 용어를 제안한다. 그 용어를 통해 내가 의미하려는 바는 샌드버그가 표현했듯이 정확히 "생애 경로에 따라 변화하는" 성에 관한 견해다. 샌드버그는 노인 남자의 성에 관한 중요한 연구를 내놓았다.[2] 연장자에 대한 숙고는 섹슈얼리티에 관한 우리의 이해에 장기간에 걸쳐 변화하는 것에 대한 관점을 불러내는 경향이 있다. 나는 인생 후반의 성을 긍정하기 위해, 인간의 성의 일부로 노인의 것을 포함하기 위해서는 우리가 성을 반드시 긴 시간에 걸쳐 변화하는 것으로 고려해야 한다고, 급진적이면서도 다양한 시간성의 것으로 주장해야 한다고 믿게 되었다.

샌드버그(내가 아는 한 퀴어 이론과 노화 사이를 연결하는 일에 공을 들인 최초의 학자)는 섹슈얼리티가 정적이지 않고 시간에 걸쳐 변화한다는 이 생각이 "퀴어 이론의 중심적인 주장으로 보일 수 있"음을 주장한다.[3] 그녀가 말한 "중심적인 주장으로 보일 수 있"음은 확실히 상당한 포부가 담긴 표현이다. 퀴어 이론이 지금까지는 노화 연구 작업에 주목하지 않았고 나이 든 연장자에게도 집중하지 않았지만, 샌드버그는 퀴어 이론이 노화에 대해 진지하게 고려하지 않았다면 어떤 일이 생길지 상상하고 있다.

나는 섹슈얼리티에 대한 급진적인 시간성의 관점이 다소간 퀴어적 관점이 되어야 하거나, 심지어는 그것의 중심이 되어야 한다는 샌드버그의 통찰에 공감한다. 퀴어 이론은 출발 이래로 지금껏 본질화된 정체성, 특히 본질화된 젠더와 섹슈얼리티를 비판하고 저항해 왔다. 본질화된 정체성은 시간 속에서 고정된다. 본질은 분명 시간에 걸쳐 변화하지 않는 것들이다. 섹슈얼리티에 대한 우리의 이해는 삶의 어느 한 단계에 기초해 본질화되어서는 안 된다. 오히려 우리가 나이 들면서 생기는 변화, 생애 경로에 걸친 변화에 따라 고민해야 한다. 걸레트가 그토록 대담하게 표현했듯이, "우리가 그것을 전체 성적인 삶을 퀴어화하는 것이라고 부른다면, 그것은 아마도 지금껏 알려진 것보다 더 근본적인 종류의 성 혁명으로 보일 수 있기 때문이다."[4]

본질화된 섹슈얼리티 대신 이 책은 장기간에 걸쳐 변화하는 섹슈얼리티 개념을 제안했다. 이 책을 마치면서 나는 이 장기적인 섹슈얼리티 너머에서 정체성에 대해 장기적으로 고려해볼 수 있을지를 생각하기 시작한다. 어쩌면 이것은 우리 자신의 토대를 후발 장애의 경험에 두게 되는 좀 더 폭넓은 교훈이 될지도 모른다. 그 경험에 수반하는 불안은 젠더와 섹슈얼리티에 대한 위협뿐만 아니라 좀 더 일반적으로 정체성에 대한 위협, 우리가 더는 우리 자신이 아닐 수 있는, 우리(현재의 우리, 지금까지의 우리)가 우리 자신을 잃게 될지도 모를 위협과 관련된다. 늦게 시작한 경험이란 비장애-몸에서 장애-몸으로의 예기치 않은 전환을 의미한다. 장애 연구는 비장애-몸이 딱히 표지가 없다는 사실에도 불구하고, 이 둘을 모두 중요한 정체성으로 간주토록 가르친다. 후발 장애를 전면화하는 일은 이들 정체성을 본질적인 것이 아닌 시간적인 것으로, 인간의 두 유형이 아닌 한 가지 삶의 다른 순간들로 고려하는 것이다.

나는 비장애-몸에서 장애-몸으로의 전환이 거세로서 비유되는 이유를 우리가 장애에 대해 본질화된 개념을 가지고 있기 때문이며, 우리가 장애에 대해 무시간적으로 개념화했기 때문이라고 비로소 믿게 되었다. 좀 더 일반적으로 말하면, 나는 한 정체성에서 또 다른 정체성으로의 예기치 않은 전환, 한 정체성의 갑작스러운 상실은 우리가 정체성에 대해 무시간적 개념을 갖고 있기에 거세로 비유되고 있지 않은가 생각한다. 정체성에서의 변화의 전망은 정체성에 대한 일반적인 개념이 정적이기 때문에, 오랜 시간에 걸친 변화의 불가피성을 포함하지 않기 때문에 폭력적인 위협으로 경험될 수 있다.

이 책은 후발 장애와의 대면이 걸레트가 중년의 경험에 대해 규명한 많은 특성을 공유한다는 인식에서 출발한다. 그것은 내가 가진 크립의 관점에 노화를 추가해야 함을 깨달은 순간이었으며, 그래서 이 책이 시간성을 전면화하게 되는 결과로 이어졌다. 우리가 중년 시기에 대해 씨름하는 것은 피할 수 없는 시간성, 우리가 시간 속에 살지 않을 수 없다는 사실과 생생히 만나는 것이다.

후발 장애와 너무나 비슷하게도 중년의 시기는 우리 정체성의 소중한 측면들에 대한 위협과 연관된다. 이른바 중년의 위기는 진정으로 정체성 위기다. 하지만 주장컨대, 그것을 위기로 만드는 것은 정체성에 대한 우리의 개념이 장기간에 걸친 것이 되지 않고 고정된 것이라는 점이다.

이 책을 마치면서 나는 단지 정체성을 좀 더 장기간의 관점에서 바라보는 것이 어떤 양상일지, 그것이 이론적으로 그리고 실존적으로 어떤 종류의 상황을 일으킬지를 추측하기 시작했다. 나는 여기서 퀴어적이고 장기간의 관점을 향한 개시의 몸짓으로서 정체성에 미치는 중년의 효과에 대해 근본적으로 다른 장면을 잠깐 살피는 것으로 끝내려 한다. 조앤 네슬Joan Nestle의 일화 「삶의 변화」A Change of Life에 나오는 다음 구절을 생각해보라.

> 술집에 있는 젊은 여성들인 우리는 "나이 마흔이 되면 펨이 부치가 될 거야"라고 웃으며 반복하곤 했다. 그러나 그 변신은 너무나 멀리 있는 듯 보였으며, 우리가 바지를 입고 너무 더워하며 서 있는데, 문화적 명언의 이러한 예상은 깨끗이 사라졌다.
>
> 이제 나는 40대 중반이며, 처음으로 여성적인 여자를 껴안고 있다. … 립스틱 바른 그녀의 입술에 나는 녹아들었다. … 그녀는 옛이야기에서 그렇듯, 나보다 한참 어리다. 나는 나 자신의 신화가 되었다. 삶의 변화, 그것이 발생했다. …
>
> 당신을 위해 나는 부치가 되겠어. 나는 오랫동안 펨이었거든.[5]

네슬은 완경에 대해 다소 유행에 뒤진 그러나 일상적인 완곡어법을 사용하여 자신의 일화에 「삶의 변화」라는 제목을 쓴다. 걸레트의 주장을 따르면, 우리 문화에서 완경은 거세와 같은 작용을 하며, 여성을 "갑자기 손상되고 탈성화된 몸"으로 재현한다.[6] 네슬의 실제 '삶의 변화'는 40대 중반 완경에 임박했을 때 발생하지만, 그녀는 그 어구를 거세, 손상, 탈성화와는 동떨어져 있는 무언가를 끌어내기 위해 쓴다. 이것은 거세나 상실의 이야기가 아니라 문자 그대로 **변화**의 이야기다.

여기에 섹슈얼리티와 젠더에 대한 장기적 관점이 있다. 분명 이 설명에서 퀴어와 관련된 장기적 관점이 개인적 문맥이 아닌 문화적 문맥에 강조를 둔 퀴어 반문화에 있음을 주목할 가치가 있다. "문화적 명언", "옛이야기", "우리 자신의 신화"와 같은 표현이 그 예다. 이는 거세라는 규범적 시간성에서 벗어나려는 움직임이 협력적인 공공의 문화적 문맥과 함께 더 효율적으로 바뀔 수 있을 것이며, 그것을 가능하게 만들기 위해 우리가 대안적인 이야기를 생산할 필요가 있음을 시사한다.

나는 하나의 모델이나 새로운 규범으로 제안하기 위함이 아닌, 정체성의 대안적 시간성을 찾아내기 위해 네슬의 감동적인 일화로 이 책을 맺는다. 그것은 우리가 정체성에 대해 장기적인 관점으로 생각하기 위한 것으로, 그 방법은 한 번도 본 적 없는 무언가를 발명해야만 하는 의무로서가 아니라, 나이 들면서 정체성이 어떻게 변화하는지의 이야기, 영원한 정체성에 대한 대안, 나이 듦에 따라 망가진다고 하는 정체성에 대한 대안, 돌이킬 수 없는 쇠퇴에 대한 대안, 시간을 파괴적인 거세로 보는 것에 대한 대안을 이야기하는 사람들의 발견을 통해서 말이다.

네슬의 일화는 젊은 여자들의 웃음으로 시작된다. 하지만 그녀의 이야기에는 (그녀가 "연장자"라고도 부르는) "나이 든 부치들"이 최후의 승리를 쟁취한다. "나이 든 부치의 웃음이 들린다. '네가 남친이 될 순간을 기다리고 있었어.' 메이블이 말했다. '시간이 됐어.' 그녀는 만족스러운 듯이 웃는다." 여기서 네슬의 '삶의 변화'로 끝을 맺는 나의 요점은 젊은 여자들을 웃게 한 것, (내가 비록 이에 대해 생각하기를 좋아하지는 않지만) "마흔이 되면 펨이 부치가 된다"는 점이 아니다. 나의 요점은 오히려 만족스러운 듯이 웃는 늙은 메이블을 지지 하면서 이 책을 끝맺는 것이다. **시간이 됐어**. … 정말로.

# 감사의 말

이 책을 작업하는 7년 동안 나는 이곳 위스콘신-밀워키대학의 박사과정 학생이자 연구원인 세 사람에게서 큰 도움을 받았다. 이들은 자신들의 연구 분야와는 다소 동떨어진 분야의 자료가 필요할 때도 알맞은 텍스트를 찾아주었을 뿐 아니라 초고가 완성되었을 때는 건설적인 의견을 보태기도 했다. 그들의 도움이 있었기에 이 책이 훨씬 훌륭해졌음을 밝힌다. 그토록 현명하고 통찰력 있는 도움을 받을 수 있어서 큰 행운이었다고 밥 브러스Bob Bruss, 쇼나 립튼Shawna Lipton, 알리 스펄링Ali Sperling에게 고마움을 표현하고 싶고, 그들이 해준 작업과 비평 그리고 격려에 감사드린다.

이 책이 나오기까지 단계마다 값진 의견을 아끼지 않은 세 친구가 있다. 소중한 친구이자 이상적인 동료로서 그레그 제이Greg Jay, 캐롤라인 러빈Caroline Levine, 테드 마틴Ted Martin이 베풀어준 너그러운 도움에도 감사드린다.

지난 40년간 내 인생의 파트너가 되어주고 이 책을 지지해준 딕 블라우Dick Blau에겐 말로 다 고마움을 표현할 수 없을 정도다. 자신이 노출되는 것에 기꺼이 응해주지 않았다면 이 책의 완성은 불가능했을 것이다. 딕은 분명 내게 너무도 많은 경이로움을 안겨주지만, 특히 이 자리에서 그가 내게 주는 위안에 고마움을 전하고 싶다.

# 옮긴이 후기

아카데미에서 이론이 아닌 자신의 사적인 이야기로 섹슈얼리티를 공공연히 풀어내는 일은 쉽지 않다. 더구나 그것이 질병과 장애에 얽혀 있는 문제라면 더욱 그럴 것이다. 그런데 제인 갤럽은 이 책에서 자신의 성적인 환상, 그것도 뉴욕 길거리 한복판에서의 성적인 환상을 고백하고 있다. 그리고 오랜 파트너와의 섹스에서 경험한 감정을 세세히 적은 일기 내용도 거침없이 공개한다. 성적인 환상과 일기가 포함되어 있는 이 책은 개인적인 이야기의 상세한 회고 자체로도 흥미로운데, 이 회고가 이론의 뼈대에 살을 붙여 신선한 해석을 제공해주기에 더욱 흡인력이 있다. 그런 점에서 장애와 노화 그리고 섹슈얼리티에 얽힌 갤럽의 이번 개인적 서사는 이론적 훈련을 받은 독자들을 만족시키기에 충분히 논리적이며, 아카데미 외부의 독자들로부터 주목을 받기에 충분히 개연적이면서도 현실적이다. 간단히 말하자면, 갤럽의 이 책은 이론과 이론의 적용, 이론과 삶, 텍스트와 세계, 인식과 실천이 서로 얽혀드는 접점을 절묘하게 재현하고 있기에 삶과 세계의 관계를 주목하는 독자들에게 충분히 의미 있는 독서가 될 것이다.

이론과 삶의 얽힘을 보여주는 이와 같은 작업은 이론가로서의 그녀의 활동, 그 활동의 주축이 되는 초기의 지적 배경이 있기에 가능한 것으로 보인다. 갤럽이 인터뷰에서 직접 밝히듯이,[1] 1970년대에 그녀는 사드Sade, 롤랑 바르트Roland Barthes, 자크 데리다Jacques Derrida 등 프랑스 철학과 이른바 후기구조주의라고 불리는 사조의 흐름에 있던 여러 이론가의 저작 읽기에 심취했고, 동시에 당대 게이 해방 운동이 주는 영감의 일환으로서 정신분석학의 주요 통찰인 비규범적이고 '도착적인' 섹슈얼리티에도 주목한다. 그런데 흥미롭게도, 미국에서 여성 해방 운동과 게이 해방 운동이 활발히 진행되던 1970년대의 코넬대학교에서 조애나 러스Joanna Russ의 '문학 속의 여성' 수업을 듣던 대학생 시절, 갤럽은 페미니스트로서 프로이트를 '악마'라고 생각했었다(여성을 거세된 존재로 규정하는 프로이트의 언급이 대표적인 비판의 근거일 것이다). 하지만 이후 대학원 시절 섹슈얼리티에 대한 본격적인 연구를 계기로 프로이트, 라캉Jacques Lacan의 정신분석은 그녀의 이론과 비평 작업의 두 가지 주축으로 자리 잡는다.

특히 그녀를 비평계에서 주목받는 인물로 만들었다고 할 수 있는 『딸의 유혹: 페미니즘과 정신분석』The Daughter's Seduction: Feminism and Psychoanalysis(1982)에서 갤럽은 뤼스 이리가레Luce Irigaray, 줄리아 크리스테바Julia Kristeva, 엘렌 식수Hélène Cixous, 카트린 클레망Catherine Clement과 같은 프랑스 페미니즘 작가들이 (프로이트, 라캉의) 정신분석과 맺는 관계를 탐색한다. 예컨대 갤럽은 당시 프랑스 페미니즘과 정신분석 사이 관계를 (페미니즘이라는) 딸과 (정신분석이라는) 아버지 사이 관계와 같은 것으로 가정하고, 양자 사이에서 일방적 유혹과 같은 것은 없다고 주장한다. 즉 유혹의 주체와 대상 사이의 고정된 경계가 없다는 것이다. 책의 주요 챕터의 제목이 "아버지의 유혹" 이지만, 책 전체의 제목은 "딸의 유혹"이다. 그럼 누구의 유혹을 지칭하고자 하는 것일까? 아버지의 유혹인가? 아니면 딸의 유혹인가?

전통적인 관점에서 여성성을 말할 때, 한편으로는 순수한 여성이 유혹당하고 버려지는, 즉 유혹의 대상으로서 여성이 등장하는 시나리오가 있다면, 다른 한편으로는 강력하게 유혹하는 주체로서의 여성이라는 시나리오가 있다. 유혹의 대상이 곧 유혹의 주체이기도 하다는, 이 유혹의 이중성을 갤럽은 당대 비평계의 흐름에서 정신분석이라는 아버지와 페미니즘이라는 딸의 관계에 적용한 것이다. 물론 아버지와 딸이라고 해서 이 둘의 관계를 폐쇄적이고 위계적인 가족관계로 한정하려는 것이 결코 아니다. 갤럽이 보기에, 정신분석학의 통찰에 매혹된(유혹당한) 페미니스트들은 동시에 정신분석학이 자아와 세계를 이해하는 데 새로운 지평을 열 수 있도록 (유혹)한다. 마치 그들이 '프로이트가 여성 히스테리에 대해서 말한 것'에 만족하지 않고, 여성 히스테리에 대해 '말해진 것'과 여성 히스테리 자신이 '말한 것', 그 '사이'를 우리 독자가 읽어내도록 유도하는 것처럼 말이다. 갤럽에 의하면, 프랑스 페미니스트들은 그 '사이'를 읽도록 함으로써 페미니즘과 정신분석의 만남을 적극적인 유혹의 장으로 바꾸어낸다.

주지하다시피, 1990년대 들어 갤럽은 '이론' 자체에 대한 탐색을 추구하던 이전의 경향과는 아주 달리, 자신이 직접 '경험'한 다양한 내용을 전면에 드러내고 그 경험들을 이론적으로 사고하는 방식으로 글쓰기 방식에서 변화를 보인다. 이론의 향연이 아니라, 일상적 경험 즉 일화anecdote를 통해 이론적 통찰을 보여주는 방식이다. 그 변화를 보여준 대표적인 저서는 『성희롱으로 고소당한 페미니스트』Feminist Accused of Sexual Harassment(1997)라고 할 수 있다. 이 책에서 갤럽은 앞서 '페미니즘과 정신분석'의 관계를 '유혹의 대상과 주체' 혹은 '주체와 대상'이라는 고정된 위치로 보지 않으려 했던 것처럼, 자신의 경험을 가지고 이러한 유혹의 이중성을 증명하고자 한다. 일례로, 과거 대학원 시절 논문 심사단에 소속된 교수 두 명을 유혹했던 일을 언급한다. 자신의 논문 심사를 맡고 지도하는 위치에 있던 교수, 즉 권위적 위치에 있다고 할 수 있는 교수를 유혹하고 그의 알몸을 봄으로써 제자인 자신이 유혹의 주체로서 누릴 수 있었던 감정에 대해 말한다. 유혹의 대상이 아닌 주체로서 말이다. 여기에서 그녀는 섹슈얼리티와 권위적 힘, 교수와 제자, 남성과 여성 등 불균형하게 존재하는 주체와 대상의 관계 역전을 꾀할 수 있음을 제시하고자 했다.

다른 하나는 교수로서 자신이 제자와 술집에서 키스했던 일에 관한 경험이다. 학생 두 명은 그녀가 이후 학업에 불이익을 주었다고 고소하지만, 이 고소에 대해서 갤럽은 유죄가 인정되지 않았다. 하지만 지도 학생과의 애정 행각에 대해서는 '스승과 제자 사이의 성적 관계 금지' 규칙을 위반한 것으로 인정된다. 갤럽은 이에 대해 분명히 반대 의견을 밝힌다. 대학 내에서 스승과 제자의 '동의에 기반한' 애정 관계를 금지하는 규칙은 성인의 섹슈얼리티를 검열하고 억압한다는 주장이다. 이렇게 이 책은 분명 자신의 경험과 경험을 통한 이론의 탐색뿐 아니라 당대 페미니즘 이슈—대학 안에서 교수와 학생 간 합의된 애정 관계 규제—에 대한 그녀의 확고한 주장을 담고 있다. 물론 갤럽의 이와 같은 주장은 이후 많은 페미니스트로부터 (옹호 혹은 반대의) 반향을 일으킨다.

『딸의 유혹: 페미니즘과 정신분석』에서 『성희롱으로 고소당한 페미니스트』로의 이러한 변화는 최근의 저서인 『퀴어 시간성에 관하여: 섹슈얼리티, 장애, 나이 듦의 교차성』(2019)에도 반영된다. 이 책은 갤럽이 중년에 접어들면서 갑자기 얻게 된 발병, 그로 인해 휠체어 생활을 하게 되면서 생긴 상실감, 그리고 파트너가 전립선암을 선고받고 수술받은 후 겪게 되는 변화된 섹슈얼리티의 경험을 상세히 서술한다. 이 두 경험을 통해 얻은 갤럽의 결론을 간단히 말하면, '팔루스의 퀴어 시간성'이다.

'팔루스의 퀴어 시간성'이라는 주요 아이디어를 도출해내는 과정이 간단하지만은 않다. 먼저 갤럽은 크립 이론을 통해 장애와 섹슈얼리티, 장애 연구와 퀴어 이론의 관계를 살펴본다. 그리고 잭 핼버스탬과 리 에델먼의 주요 통찰인 '퀴어 시간성'과 정신분석의 통찰인 (텅 빈 기표로서의) '팔루스' 그리고 마지막으로 결코 빼놓을 수 없는 노화 이론—노화가 곧 노쇠라는 이념을 거부하는 것—까지 최근 이론 지형의 중요한 논의 중에 자신의 경험과 연관된 쟁점들을 소개한다. 특히 갤럽이 서론에서 탐색하는 이론의 여정은 사회적 소수자의 '관점들'을 볼 수 있는 좋은 장이 아닐 수 없다. 그런 의미에서 서론은 본론 1, 2부에 있는 갤럽과 갤럽의 파트너 딕의 장애와 질병 서사가 어떤 의미를 지닐 수 있는지 독자를 준비시켜준다.

「서론: 이론적 토대」의 내용을 다음과 같이 간략히 정리해볼 수 있다.

— 크립 이론: 제인 갤럽은 대표적으로 로버트 맥루어, 일라이 클레어, 리바 레러, 톰 셰익스피어를 인용하며 '크립 이론'의 의미를 탐색한다. 갤럽이 크립 이론에서 배운 것은 크게 두 가지로 요약할 수 있다. 하나는 장애를 신체적 열등함이 아니라 다름으로 인정하는 법을 배우고, 정상성에 저항하는 방식으로서 장애를 이해하는 것이다. 그런 의미에서 암에 걸린 몸은 실패나 비체화의 장소가 아님을 분명히 해둔다. 두 번째는 장애나 퀴어처럼 이른바 '비규범적인' 신체는 섹슈얼리티의 영역을 지배하는 폭력적인 규범에 도전할 수 있고, 그래서 다수의 풍요롭고 창의적인 성적 표현 양식을 제시할 수 있다는 것이다.
— 노화와 퀴어 시간성: 갤럽은 퀴어 연구와 장애 연구를 함께 하는 작업에 노년 연구를 추가한다. '퀴어 시간성'은 지금껏 규범적 시간성으로 알려진 '생애 경로'가 어떻게 재생산 혹은 미래주의를 중심으로 '구성되어' 있는지를 밝히는 중요한 자원이다. 재생산 혹은 미래주의를 특권화하는 규범적 시간성은 노화를 '쇠퇴'로 이해하는 '노년차별주의'ageism에도 똑같이 적용된다. 갤럽의 발견은, 재생산과 미래주

의가 장애와 퀴어를 억압한 것만큼 노인의 시간을 억압한다는 것이다. 요컨대 장애의 섹슈얼리티가 규범적 섹슈얼리티에 편입하기보다 오히려 규범에 저항하고 그래서 더 다양하고 창의적인 섹슈얼리티를 수행할 수 있는 것처럼, 노년의 섹슈얼리티 역시 그와 같은 수행에서 예외가 되지 않는다.

— 노화와 팔루스: 갤럽에게 팔루스는 여전히 정신분석의 남성중심주의를 반영하는 용어다. 하지만 노화를 파악하는 데 (라캉적 의미에서) 팔루스의 거세 개념이 유용하다고 본다. 왜냐하면 중년이 느끼는 노년에 대한 공포와 노년이 가지는 과거에 대한 상실감은 각각 미래에 거세될까 두려워하는 공포와 과거에 있었으나 현재에는 없는 것으로서 상실감을 안기는 것이다. 그래서 노년 이전과 노년 사이에서 팔루스는 사실 있기도 하고 없기도 하다. 오히려 팔루스는 과거, 현재, 미래의 동시 사건이며, 사실은 붙잡을 수 없는 텅 빈 무엇이다.

— 퀴어 팔루스: 갤럽은 버틀러의 '레즈비언 팔루스'와 드 로레티스의 '페티시' 개념을 아우르는 것으로서 퀴어 팔루스를 제시한다. 퀴어 팔루스는 '레즈비언 팔루스'처럼 유동성을 지닌다. 또한 그것은 '페티시'라는 용어가 다 담지 못하는 퀴어성을 포함한다. 갤럽은 휠체어에 앉아 있는 자신에게 환상으로 나타난 팔루스에서 분명 퀴어한 섹슈얼리티의 '퀴어 팔루스'를 상상했을 것이다.

— 일화 이론: 일화 이론은 개인적 글쓰기를 이론 연구와 통합하는 것을 의미한다. 어떤 의미에서 일화 이론은 페미니즘과 정신분석의

공통적인 특징이기도 하다. 1970-80년대 페미니스트들에게 개인적 경험의 쓰기는 곧 페미니즘 이론에 통합되는 실천이며, 정신분석학에서 일화는 정신분석(학) 자체를 가능하게 한 토대이기도 하다. 앞서 언급한 바대로, 1990년 이후 갤럽의 글쓰기 방식이 반영된 이 책은 이론 자체만도 경험만도 아닌, 둘의 결합을 통해 삶을 이해하는 적절한 방법을 보여주는 사례가 될 수 있다.

서론에서 이론의 도입이 이뤄졌다면, 본론에서 그 이론을 각각 자신과 파트너의 경험으로 구체화한다. 2부에서는 자신이 그토록 매력적인 활동이라고 생각하는 뉴욕의 도보 여행, 그런데 발에 생긴 장애 때문에 두 발로 활보하지 못하고 휠체어로 다니게 되면서 얻은 상실감의 서사, 그뿐 아니라 뜻밖에도 휠체어에 앉은 몸에서 팔루스가 흥분하는 환상과 쾌락의 서사가 제시되며, 그 가운데 젠더와 섹슈얼리티, 장애와 노화에 관한 이론적 통찰이 절묘하게 녹아 있다. 몇 가지 예를 들어보자. 먼저 하이힐에 대한 갤럽의 욕망은 70년대 페미니즘과 90년대 페미니즘 사이에서 비판을 받기도, 지지를 얻을 수도 있다는 점에서 논쟁적일 수 있는데, 그 비판과 옹호는 여성성에 관한 페미니즘 내부의 중요한 이슈이기도 하다.

또한 거리에서 하이힐을 신은 여성의 걸음걸이는 마치 캣워크처럼 억압적 여성성을 재현하기도 하지만, 장애의 관점에서 그 억압적 여성성은 욕망의 대상이자 상실의 대상이 될 수도 있다. 이 점에서 갤럽의 욕망은 크립 이론의 관점에서 재고될 수 있다. 게다가 휠체어에서의 팔루스는 어떤가? 라캉의 통찰대로 욕망의 대상으로서 팔루스는 (생물학적 기관으로서) 페니스와 다르다는 인식에서 정신분석을 퀴어와 노화 연구에 연결한다. 팔루스는 여성의 거세를 상징하는 것이 아니라 도착적인 섹슈얼리티를 재현하는 '퀴어' 팔루스이다.

마지막 장인 결론에서는 파트너의 암 투병 과정에서 알게 된 갤럽의 프리컴pre-cum 애착이 어떻게 퀴어, 장애, 노화 모두에 접점을 이루는지 보여준다. 프리컴 애착은 생식기 중심적genital 이성애 정상성에 대한 도전이라는 점에서 크립 이론과 퀴어 연구의 통찰에 빚을 지고 있다. 전립선암 이후의 섹슈얼리티는 완경 이후의 섹슈얼리티와 마찬가지로 이성애 중심적 비장애 중심주의에 이의를 제기하고, 건강과 젊음을 향한 지나친 강박에 사로잡힌 사회에 도전한다. 갤럽이 일명 "장기간에 걸쳐 변화하는 섹슈얼리티"longitudinal sexuality라고 부른 것은 오로지 이성애 중심의, 재생산을 위한 미래주의를 위해서 존재하는 '정상적' 섹슈얼리티의 규범적인 시간성을 퀴어화하고 불구화하는 것으로서, 크립, 퀴어, 노인의 시간을 배제하지 않으려는 실천의 하나가 될 수 있다. 이와 같이 갤럽은 서론에서 이론적 토대를 간명하게 탐색하고 그 탐색 위에 자신의 경험들을 겹쳐놓음으로써, 이론의 통찰들이 체현되는 과정을 제시한다.

일찌감치 대학에서 학생들을 가르쳐온 백인 교수로서 갤럽이 소개하는 몇몇 일화와 그에 대한 분석은 계급적 인종적인 차원을 고려하는 데 충분치 않을 수 있다. 그러한 점에서 때로 비판의 여지를 남기기도 한다. 하지만 이번 책에서 갤럽은 노년과 장애, 질병과 섹슈얼리티, 젠더와 질병의 교차적 이야기를 통해 다시 한 번 몸과 언어, 실천과 이론의 교차를 시도하고 있고, 그 시도는 충분히 가치 있어 보인다.

2023년 3월 김미연

# 주

## 서론: 이론의 토대

1) Robert McRuer, *Crip Theory: Cultural Signs of Queerness and Disability* (New York: New York University Press, 2006).

2) Eli Clare, "Stolen Bodies, Reclaimed Bodies: Disability and Queerness," *Public Culture* 13, no. 3 (2001): 361.

3) Rosemarie Garland-Thomson, *Extraordinary Bodies: Figuring Physical Disability in American Culture and Literature* (New York: Columbia University Press, 1997), 105; [국역본] 로즈메리 갈런드 톰슨, 『보통이 아닌 몸』, 손홍일 옮김, 그린비, 2015.

4) Tom Shakespeare, "Disabled Sexuality: Toward Rights and Recognition," *Sexuality and Disability* 18, no. 3 (2000): 163에서 재인용.

5) Riva Lehrer, "Golem Girl Gets Lucky," in *Sex and Disability*, ed. Robert McRuer and Anna Mollow (Durham, NC: Duke University Press, 2012), 234.

6) Emily Wentzell, "Bad Bedfellows: Disability Sex Rights and Viagra," *Bulletin of Science, Technology and Society* 26, no. 5 (2006): 371에서 "장애인 성 권리 운동" 어구를 가져왔다.

7) Wentzell, "Bad Bedfellows," 371. 웬첼은 캐럴 길(Carol Gill)의 글("A Psychological View of Disability Culture," *Disability Studies Quarterly* 15, no. 4 (1995): 16-19)을 인용한다.

8) Barbara Faye Waxman and Carol J. Gill, "Sexuality and Disability: Misstate of the Arts," *Journal of Sex Research* 33, no. 3 (1996): 267, 268.

9) Shakespeare, "Disabled Sexuality," 162-3.

10) Shakespeare, "Disabled Sexuality," 163.

11) Jane M. Ussher, Janette Perz, Emilee Gilbert, W.K. Tim Wong, and Kim Hobbs, "Renegotiating Sex and Intimacy after Cancer: Resisting the Coital Imperative," *Cancer Nursing* 36, no. 6 (2013): 460. "위반의 핵심 장소"라는 어구는 사이먼 J. 윌리엄스(Simon J. Williams)의 글("Bodily Dys-Order: Desire, Excess and the Transgression of Corporeal Boundaries," *Body and Society* 4, no. 2 (1998): 59-82)에서 가져왔다.

12) Waxman and Gill, "Sexuality and Disability," 268; Shakespeare, "Disabled Sexuality," 163.

13) Michael Bérubé, "Afterword," in *Disability Studies: Enabling the Humanities*, ed. Sharon Snyder, Brenda Jo Brueggemann, and Rosemarie Garland-Thomson (New York: Modern Language Association, 2002), 339. 베루베는 2014년 '장애로서/와 노화' 세션의 패널 중 한 명으로 참가했다. 그런데 인용문은 사실 그보다 십 년 전에 출판된 책에서 가져온 것이다.

14) Margaret Morganroth Gullette, *Agewise: Fighting the New Ageism in America* (Chicago: University of Chicago Press, 2011), 77.

15) Lehrer, "Golden Girl Gets Lucky," 234. 강조는 인용자의 것.

16) Barbara L. Marshall and Stephen Katz, "Forever Functional: Sexual Fitness and the Ageing Male Body," *Body and Society* 8, no. 4 (2002): 43

17) Linn Sandberg, "The Old, the Ugly and the Queer: Thinking Old Age in Relation to Queer Theory," *Graduate Journal of Social Science* 5, no. 2 (2008): 118. 샌드버그는 이후 박사 논문을 책으로 출판한다. *Getting Intimate: A Feminist Analysis of Old Age, Masculinity and Sexuality* (Linköping, Sweden: Linköping University, 2011) 이 책은 노인 남성의 섹슈얼리티를 다룬 훌륭한 연구서로서, 앞으로 2부에서 제기될 여러 주장과 교차할 것이다.

18) Gullette, *Agewise*, 143.

19) 이런 흐름의 훌륭한 단면을 보기 위해서는 다음을 참조할 것. Elizabeth Freeman, ed., "Queer Temporalities," special issue, *GLQ: A Journal of Lesbian and Gay Studies* 13, nos. 2-3 (2007).

20) Sandberg, "The Old, the Ugly and the Queer," 135.

21) Maria T. Brown, "LGBT Aging and Rhetorical Silence," *Sexuality Research and Social Policy: Journal of NSRC* 6, no. 4 (2009): 71-72. 브라운은 2005년에 출판된 두 개의 퀴어 시간성 텍스트를 논의한다. 하나는 핼버스탬의 책 *In a Queer Time and Place: Transgender Bodies, Subcultural Lives, Sexual Cultures* (New York: New York University Press)이며, 또 다른 하나는 프리먼의 논문 "Time Binds, or, Erotohistoriography," *Social Text* 23, nos. 3-4: 57-68이다. 프리먼은 2010년에 논문과 비슷한 제목의 책을 출판했다. *Time Binds: Queer Temporalities, Queer Histories* (Durham, NC: Duke University Press). 샌드버그는 2008년 논문에서 2005년에 나온 핼버스탬의 위의 책을 통해 퀴어 시간성을 이해했다고 밝힌다

22) Janet Z. Giele and Glen H. Elder Jr., eds., *Methods of Life Course Research: Qualitative and Quantitative Approaches* (Thousand Oaks, CA: Sage, 1998)

23) Halberstam, *In a Queer Time and Place*, 2.

24) Brown, "LGBT Aging and Rhetorical Silence," 72.

25) Cynthia Port, "No Future? Aging, Temporality, History, and Reverse Chronologies," *Occasion: Interdisciplinary Studies in the Humanities* 4 (2012): 2. 샌드버그도 마찬가지로 2008년 논문에서 노화 연구를 위해 퀴어 시간성의 가치를 기꺼이 받아들였다. 물론 그녀가 그 주제에 대해 많은 시간을 할애하지는 않았지만 말이다

26) Stephen M. Barber and David L. Clark, "Queer Moments: The Performative Temporalities of Eve Kosofsky Sedgwick," in *Regarding Sedgwick: Essays on Queer Culture and Critical Theory*, ed. Stephen M. Barber and David L. Clark (Abingdon, UK: Routledge, 2002), 1-54

27) Jane Gallop, *The Deaths of the Author: Reading and Writing in Time* (Durham, NC: Duke University Press, 2011). 특히 3장("The Queer Temporality Writing")을 볼 것.

28) Margaret Morganroth Gullette, "Midlife Discourse in the Twentiesth Century United States: An Essay on the Sexuality, Ideology, and Politics of 'Middle-Ageism,'" in *Welcome to Middle Age!* (And Other Cultrual Fictions), ed. Richard A. Shweder (Chicago: University of Chicago Press, 1998), 32.

29) 포트의 논문은 내가 보았을 때 노화 연구의 관점에서 퀴어 시간성을 바라본 최초의 논문이다. 노화 연구 방면으로 계속 독서를 하는 동안 나는 이 장에서 논의된 다른 텍스트들을 발견했다. 여기 인용된 소수의 학자 이외에, 노화와 퀴어 시간성을 혼합한 틀을 사용한 논문이 2017년에 출판된 사실을 최근에 알게 되었다. 바로 린다 M. 헤스다(Linda M. Hess)의 논문("'My Whole Life I've Been Dressing Up Like a Man': Negotiations of Queer Aging and Queer Temporality in the TV Series Transparent," *European Journal of American Studies* 11. no. 3 (2017): 1-19). 헤스의 박사 학위 논문에서 뽑아온 이 새로운 논문은 노화 연구와 퀴어 시간성 양쪽에서 쉽게 끌어내고, 노화를 연구하는 더 많은 학자들이 퀴어 시간성 이론을 사용하기 시작했음을 시사한다.

30) Lee Edelman, *No Future: Queer Theory and the Death Drive* (Durham, NC: Duke University Press, 2004).

31) Port, "No Future?," 3.

32) Gullet, *Agewise*, 143.

33) Margaret Morganroth Gullette, *Declining to Decline: Cultural Combat and the Politics of the Midlife* (Charlottesville: University Press of Virginia, 1997), and Margaret Morganroth Gullette, *Aged by Culture* (Chicago: University of Chicago Press, 2004).

34) Port, "No Future?," 5.

35) Gullette, *Declining to Decline*, 159-77.

36) 리롬 메도보이(Leerom Medovoi) 역시 노년 이론으로서 걸레트의 책

을 퀴어 시간성에 가장 친화력 있는 것으로 선택한다("Age Trouble: A Timely Subject in American Literary and Cultural Studies," *American Literary History* 22, no. 3 (2001): 657-72). (퀴어 이론에 대해서나 노화 연구에 대해서 연구하지는 않지만, 그 둘 다 잘 알고 있는) 메도보이의 이 서평 글은 내가 알기론 걸레트의 쇠퇴 이론과 퀴어 시간성을 연결한 최초의 텍스트다. 하지만 걸레트의 책과 달리 메도보이의 글은 노년도 심지어 중년도 아닌 청소년기에 관해 다룬다. 그래서 젊은이들에게 반규범적 시간성을 적용하는 퀴어 이론의 예외적 관심을 영속시키고 있다.

37) Gullette, *Declining to Decline*, 48, 50.

38) 노화에 관해서는 아니지만 크립 시간성에 대해 숙고한 책으로는 Alison Kafer, *Feminist, Queer, Crip* (Bloomington: Indiana Uiversity Press, 2013)을 참고하라.

39) Shakespeare, "Disabled Sexuality," 163

40) Wentzell, "Bad Bedfellows," 375.

41) Jane Gallop, *The Daughter's Seduction: Feminism and Psychoanalysis* (Ithaca, NY: Cornell University Press, 1982), 66; [국역본] 제인 갤럽, 『페미니즘과 정신분석—딸의 유혹』, 심하은·채세진 옮김, 꿈꾼문고, 2021. 다음 책도 보라. Jane Gallop, *Reading Lacan* (Ithaca, NY: Cornell University Press, 1985), and Jane Gallop, *Thinking through the Body* (New York: Columbia University Press, 1987).

42) 이 논쟁의 첫 번째 출발은 1920년대 후반 무렵이었으며 프로이트와 다른 정신분석가들, 이를테면 캐런 호니(Karen Horney), 헬레네 도이치(Helene Deutsch), 어니스트 존스(Ernest Jones)와 같은 이들과 연루된다. 프로이트는 이 논쟁에서 팔루스를 두고 비판적인 태도를 취한 이들에 대해 "페미니스트적"이라고 표현했다.

43) Jacques Lacan, "The Signification of the Phallus," in *Écrits: A Selection*, trans. Alan Sheridan (New York: Norton, 1977), 282; [국역본], 자크 라캉, 『에크리』, 홍준기·이종영·조형준·김대진 옮김, 새물결, 2019.

44) 이와 같은 주장에 대해서는 다음을 보라. Jane Gallop, "Phallus/Penis: Same Difference," in *Thinking through the Body*, 124-33.

45) Kathleen Woodward, *Aging and Its Discontents: Freud and Other Fictions* (Bloomington: Indiana University Press, 1991), 44.

46) Woodward, *Aging and Its Discontents*, 198쪽 21번 주를 보라. "섹슈얼리티를 포함하여 이 책에서 논하지 않는 몇 가지 중요한 주제들이 있다." 이러한 부재에 예외가 되는 몇 가지가 있다. 그 예로 52쪽을 보라.

47) Woodward, *Aging and Its Discontents*, 36. 여기서 자크 라캉을 인용하고 있다. Jacques Lacan, "Tuche and Automaton," in *The Four Fundamental Concepts of Psychoanalysis*, trans. Alan Sheridan (New York: Norton, 1978), 64; [국역본], 자크 라캉, 『자크 라캉 세미나 11—정신분석의 네 가지 근본 개념』, 맹정현·이수련 옮김, 새물결, 2008.

48) Woodward, *Aging and Its Discontents*, 37.

49) Woodward, *Aging and Its Discontents*, 1. 이 부분은 책의 첫 문단이다.

50) 앞서 인용했던 우드워드의 『노화와 그 불만』 속 두 문장 사이, "쇠약한 노년"과 "거세"를 연결하는 문장들 사이에 우드워드가 걸레트의 최초 저서를 언급하고 인용하는 문장이 있다. 그 저서는 바로 다음과 같다. *Safe at Last in the Middle Years: The Invention of the Midlife Progress Novel* (Berkeley: University of California Press, 1988; BackPrint edition, New York: Authors Guild, 2000).

51) Gullet, *Safe at Last in the Middle Years* (2000), 2. 존 업다이크의 *Couples* (New York: Knopj, 1968), 241-42 인용; 존 업다이크, [국역본] 『커플』(상, 하), 이혜경 옮김, 정민, 1994.

52) Gullet, "Midlife Discourses in the Twentieth-Century United States," 25

53) Gullet, *Agewise*, 95..

54) "완경 이야기는 아무래도 … 여자의 노화 문제로만 보이게 만드는 듯하다. 그러나 인생 중반에 다가오는 쇠약함을 받아들이고 젊음의 예찬을 수용하는 남자들이 발기에 대해 자의식적으로 다가갈 뿐만 아니라 테스토스테론, 비아그라, 젊은 부인에게 이끌릴 수 있다." (Gullette, *Agewise*, 95)

55) Lacan, "Signification of the Phallus," 288.

56) Jan Campbell, *Arguing with the Phallus: Feminist, Queer and Postcolonial Theory* (London: Zed Books, 2000), 146.

57) Teresa de Lauretis, *The Practice of Love: Lesbian Sexuality and Perverse Desire* (Bloomington: Indiana University Press, 1994); Judith Butler, "The Lesbian Phallus and the Morphological Imaginary," in *Bodies That Matter: On the Discourse Limits of "Sex"* (Abingdon, UK: Routledge, 1993), 57-92; 버틀러의 이 글은 원래 다음에 제시된 글로 출판되었었다; [국역본] 주디스 버틀러, 『의미를 체현하는 육체—여성학 강의3』, 김윤상 옮김, 인간사랑, 2003. Judith Bulter, "The Lesbian Phallus and the Morphological Imaginary," *differences* 4, no. 1 (1992): 133-71.

58) 퀴어 이론의 역사를 다루는 대부분의 글은 이 표현을 테레사 드 로레티스에게까지 거슬러 추적한다. Teresa de Lauretis, "Queer Theory: Lesbian and Gay Sexualities. An Introduction," *differences* 3, no. 2, (1991): iii.

59) 1990대 초반의 글에서 둘은 서로의 글을 언급한다

60) De Lauretis, *The Practive of Love*, 231. 드 로레티스는 '팔루스'를 계속 대문자로 표기하는 버틀러의 1992년 글을 인용한다. 그러나 같은 글의 1993년 판본에서는 '팔루스'가 대문자로 표기되지 않는다.

61) Campbell, *Arguing with the Phallus*, 147.

62) Campbell, *Arguing with the Phallus*, 151.

63) Lili Hsieh, "A Queer Sex, or, Can Feminism and Psychoanalysis Have Sex without the Phallus," *Feminist Review*, no. 102 (2012): 101. '질문하기'(query)가 여기서 비평을 의미하지만, 단어 유희를 주목해보라.

64) Hsieh, "A Queer Sex," 98.

65) Hsieh, "A Queer Sex," 102.

66) Hsieh, "A Queer Sex," 104.

67) Hsieh, "A Queer Sex," 105. 타비아 녕오의 다음 글을 인용한다. (Tavia Nyong'o, "Lady Gaga's Lesbian Phallus," *Bully Bloggers*, 2010년 3월 16일. bullybloggers.wordpress.com/2010/03/16/lady-gaga-lesbian-

phallus-2.

68) 내가 "어쩌면 바로 나"라고 말한 이유는 레즈비언 팔루스라는 개념이 매우 섹시하기 때문만이 아니라, 버틀러 역시 나에 대한 언급을 괄호를 이용해서 했고, 그것이 내 심장을 떨게 했기 때문이다. 예를 들면 다음의 문장이다. "제인 갤럽은 주장한다. (그녀를 인용하는 것은 그(라캉)에게서 그녀에게로 팔루스를 전이시키는 것이다.)" (Butler, "Lesbian Phallus"[1993], 82).

69) Butler, "Lesbian Phallus" (1993), 28

70) Butler, "Lesbian Phallus" (1993), 262n26, 84.

71) Butler, "Lesbian Phallus" (1993), 73.

72) Butler, "Lesbian Phallus" (1993), 88.

73) 캠벨은 버틀러가 팔루스를 레즈비언의 실천에 대한 것으로 쓴다는 사실을 놓친다. 예를 들면, 캠벨은 다음과 같이 쓰고 있다. "레즈비언 팔루스는 … 가슴이나 클리토리스 같은 신체 부위를 … 나타냄으로써 작동한다." (Campbell, *Arguing with the Phallus*, 150). 캠벨은 고전적인 여성의 성적 부위를 나열한다. 그리고 이 두 가지 예는 사실 버틀러의 텍스트에 한 번도 나온 적이 없다.

74) Butler, "Lesbian Phallus" (1993), 85.

75) 금지와 수치에 대한 버틀러의 논의는 다음을 보라. Butler, "Lesbian Phallus" (1993), 85-87.

76) Butler, "Lesbian Phallus" (1993), 262n26

77) Hsieh, "A Queer Sex," 104.

78) Jane Gallop, *Anecdotal Theory* (Durham, NC: Duke University Press, 2002), 2.

79) Cynthia Franklin, *Academic Lives: Memoir, Cultural Theory, and the University Today* (Athens: University of Georgia Press, 2009), 198

80) Franklin, *Academic Lives*, 205.

81) Franklin, *Academic Lives*, 24. 프랭클린은 사적인 글과 이론의 결합에 가치를 두는 내 생각과 비슷한 생각을 하면서도, 내가 그 시기에 바로 그러한 글쓰기를 시도했음을 알아보지는 못한다.

82) Gallop, *Anecdotal Theory*, 11.

83) Gallop, *Anecdotal Theory*, 6-7.

84) 비록 언제나 일화 이론이라거나 반드시 그렇다는 것은 아니지만, 일화 이론"일 수 있다."

85) 다음 글을 참고할 것. Sigmund Freud, "Three Essays on the Theory of Sexuality," trans. James Strachey, in *The Standard Edition of the Complete Psychological Works of Sigmund Freud*, ed. James Strachey, vol. 7 (London: Hogarth, 1961), 125-231; [국역본] 지그문트 프로이트, 『성욕에 관한 세 편의 에세이』, 박종대 옮김, 열린책들, 2020.

86) 일례로 다음을 볼 것. Robert McRuer and Abby L. Wilkerson, eds., "Queer Theory Meets Disability Studies," special issue, *GLQ: A Journal of Lesbian and Gay Studies* 9, nos. 1-2 (2003), and Robert McRuer and Anna Mollow, eds., *Sex and Disability* (Durham, NC: Duke University Press, 2012). 크립 일화 이론은 장애 이론에 사적인 글을 포함하는 좀 더 일반적인 경향의 일부인 듯 보인다. 예를 들어 프랭클린은 페미니스트 회고록에 관한 챕터 뒤에 장애 연구에 있는 회고적 글에 관해 한 챕터를 할애하고 거기에서 다음과 같이 논평하고 있다. "장애가 있는 (누군가) 자신의 경험에 대한 논의를 포함하는 일은 장애 연구 학자들의 이론적 입장과도 조화를 이룬다"(Franklin, Academic Lives, 218).

87) Abby Wilkerson, "Slipping," in *Gay Shame*, ed. David M. Halperin and Valerie Traub (Chicago: University of Chicago Press, 2009), 188-91.

88) Gallop, *Anecdotal Theory*, 16.

89) Eli Clare, *Exile and Pride: Disability, Queerness and Liberation*, Classics edition (Boston: South End, 2009); [국역본] 일라이 클레어, 『망명과 자긍심』, 전혜은·제이 옮김, 현실문화연구, 2020.

90) Gallop, *Anecdotal Theory*, 16.

## 1부 하이힐과 휠체어

1) Margaret Morganroth Gullette, *Declining to Decline: Cultural Combat and the Politics of the Midlife* (Charlottesville: University Press of Virginia, 1997), 48-50.
2) Gullette, *Declining to Decline*, 54-55
3) Eliza Chandler, "Sidewalk Stories: The Troubling Task of Identification," *Disability Studies Quarterly* 30, nos. 3-4 (2010); n.p.
4) David M. Halperin and Valerie Traub, "Beyond Gay Pride," in *Gay Shame*, ed. David M. Halperin and Valerie Traub (Chicago: University of Chicago Press, 2009), 3-4.
5) Riva Lehrer, "Golem Girl Gets Lucky," in *Sex and Disability*, ed. Robert McRuer and Anna Mollow (Durham, NC: Duke University Press, 2012), 234.
6) *Collins English Dictionary—Complete and Unabridged* (New York: HarperCollins, 2014), accessed February 28, 2018, http://www.thefreedictionary.com/catwalk.
7) Lehrer, "Golem Girl Gets Lucky," 234.
8) Lehrer, "Golem Girl Gets Lucky," 234-36.
9) Lehrer, "Golem Girl Gets Lucky," 236, 234. 여기서 레러는 규범적인 여성 몸의 'S자 곡선' 대신에 s자로 채운 문장을 쓴다("She should sway... spine strung... sinous rosary").
10) Lehrer, "Golem Girl Gets Lucky," 234.
11) Lehrer, "Golem Girl Gets Lucky," 234.
12) Lehrer, "Golem Girl Gets Lucky," 236, 234.
13) Lehrer, "Golem Girl Gets Lucky," 236.
14) Lehrer, "Golem Girl Gets Lucky," 234.
15) 〈실버벨〉의 가사는 2018년 2월 28일 http://www.41050.com/xmaslyrics/silverbells.html에서 인용
16) Russell W. Belk, "Shoes and Self," *Advances in Consumer Research* 30 (2003): 33.

17) Valerie *Steele, Shoes: A Lexicon of Style* (London: Scriptum Editions, 1998), 8.

18) Lorraine Gamman, "Self-Fashioning, Gender Display, and Sexy Girl Shoes: What's at Stake—Female Fetishism or Narcissism?," in *Footnotes: On Shoes*, ed. Shari Benstock and Suzanne Ferriss (New Brunswick, NJ: Rutgers University Press, 2001), 95-96.

19) Gamman, "Self-Fashioning," 96-97, 강조는 나의 것.

20) 70년대 페미니즘과 90년대 페미니즘 사이의 관계에 대한 훌륭한 개요를 보기 위해서는 다음 글을 참고할 것. Astrid Henry, *Not My Mother's Sister: Generational Conflict and Third-Wave Feminism* (Bloomington: Indiana University Press, 2004).

21) Gamman, "Self-Fashioning," 98.

22) Gamman, "Self-Fashioning," 98. 그녀는 "'메릴스'로 알려진 검정 스웨이드 구두 겸용 운동화를 좋아하게 되었다"고 상세히 설명한다.

23) 개먼은 스틸의 책(*Shoes: A Lexicon of Style*) 16쪽과 27쪽의 문장을 인용했다.

24) Claudia Wobovnik, "These Shoes Aren't Made for Walking: Rethinking High-Heeled Shoes as Cultural Artifacts," *Visual Culture and Gender* 8 (2013): 85.

25) Gamman, "Self-Fashioning," 96.

26) 이 구절의 부호들 자체가 문제적이다. 괄호는 "팔루스적" 뒤에 "여성" 앞에 닫혀야 한다.

27) Gamman, "Self-Fashioning," 101.

28) William A. Rossi, *The Sex Life of the Foot and the Shoe* (New York: Saturday Review Press / E. P. Dutton, 1976), 119.

29) Rossi, *Sex Life of the Foot and the Shoe*, 189. Lars Ullerstam, The Erotic Minorities (New York: Grove Press, 1966)에서 인용.

30) Rossi, *Sex Life of the Foot and the Shoe*, 134.

31) Wobovnik, "These Shoes Aren't Made for Walking," 87.

32) Rossi, *Sex Life of the Foot and the Shoe*, 131.

33) 나의 서사를 보면, 사실 고압적인 정형외과 의사가 여성 구두를 비난한다. 로시의 "여성 심리"에서 예견되듯이, 나는 의사의 권위적 태도에 분노하고, 구두에 대해 내가 가진 생각을 그가 이해하지 못하는 것에 분노한다. 그의 권위가 내게서 하이힐을 빼어간다고 생각해서 내가 섹시한 구두를 못 신는 것이 거세와 같다고 느끼는 건가? 고전 프로이트주의의 관점에서 거세란, 용인되지 않은 팔루스를 가진 듯이 하는 주제넘음에 부모의 권위가 처벌하는 것으로 상정된다.

34) Gamman, "Self-Fashioning," 95-96. Susan Brownmiller, *Femininity* (London: Grafton Books, 1986), 144-45에서 인용.

35) Eli Clare, *Exile and Pride: Disability, Queerness and Liberation*, Classics edition (Boston: South End, 2009), 130. 이 책의 초판은 1999년에 출판되었다; [국역본] 일라이 클레어, 『망명과 자긍심』, 전혜은·제이 옮김, 현실문화연구, 2020.

36) Lehrer, "Golden Girl Gets Lucky," 242.

37) Mary Frances Platt, "Reclaiming Femme . . . Again," in *The Persistent Desire: A Femme-Butch Reader*, ed. Joan Nestle (New York: Alyson, 1992), 388-89.

38) Platt, "Reclaiming Femme . . . Again," 388.

49) Platt, "Reclaiming Femme . . . Again," 389.

40) Sharon Wachsler, "Still Femme," in *Restricted Access: Lesbians on Disability*, ed. Victoria Brownworth and Susan Raffo (Seattle: Seal Press, 1999), 111.

41) Wachsler, "Still Femme," 110-11.

42) S. Naomi Finkelstein, "The Only Thing You Have to Do Is Live," *GLQ: A Journal of Lesbian and Gay Studies* 9, nos. 1-2 (2003): 310-12.

43) Finkelstein, "The Only Thing," 308-9.

44) 내가 핑켈스타인의 "아이고, 하느님 맙소사"에 주목한다면, 그녀가 유대인으로 정체화하고 있음도 주목해야 한다.

45) Finklestein, "The Only Thing," 308-9.

46) 『지속적인 욕망』(The Persistent Desire)은 플랫의 글이 수록된 선집의 제목이다. 그 선집의 편집자인 조앤 네슬(Joan Nestle)는 레즈비언 부치-펨의 섹슈얼리티를 지시하려고 그 표현을 사용한다. 나는 여기서 그 표현의 시간성이 마음에 들며, 그래서 이번 프로젝트가 대안적인 팔루스 시간성을 이론화하기 위해 20세기 후반 레즈비언 부치-펨의 섹슈얼리티에 빚지고 있음을 나타내려고 그 표현을 사용한다.

47) Finkelstein, "The Only Thing," 311.

48) Finkelstein, "The Only Thing," 309-10.

49) Finkelstein, "The Only Thing," 319; Platt, "Reclaiming Femme ... Again," 389.

50) Finkelstein, "The Only Thing," 309.

51) D. H. Lawrence, *Lady Chatterley's Lover* (New York: Bantam Classic, 2007), 1-2, 13. 이하 이 판본의 인용은 괄호 안에 표기할 것이다.

52) 채털리 백작의 "산산히 부서진" 몸은 라캉의 "조각난 몸", 주디스 버틀러가 거세의 이미지로 읽은 바 있는 것에 연결된다. Judith Butler, "The Lesbian Phallus and the Morphological Imaginary," *differences* 4, no. 1 (1992): 133-71 참고할 것.

53) Gerald Early, "Black Men and Middle Age," *Hungry Mind Review* 46, no. 1 (1993): 26. Gullette, *Declining to Decline*, 172에서 재인용.

54) Finkelstein, "The Only Thing," 317.

55) *American Heritage Dictionary of the English Language* (Boston: American Heritage, 1969), 456, "좀 더 고양된"은 필자의 강조임.

56) 이 "좋으면서도 부끄러워"함은 버틀러의 레즈비언 팔루스에 대한 이중적인 반응, 서문에서 내가 틀리면서도 기쁨을 주는 것이라고 소개했던 것이며, 버틀러가 매혹적이면서도 수치의 근원이라고 규정한 것을 상기시켜준다. 아마도 이 이중적인 혼합은 도착적이고 퀴어한 팔루스에 대한 관계의 특징이라 할 수 있다.

57) Peter Brooks, *Reading for the Plot: Design and Intention in Narrative* (Cambridge, MA: Harvard University Press, 1992), 52; [국역본] 피터 브룩스, 『플롯 찾아 읽기』, 박혜란 옮김, 강, 2011.

58) Lee Edelman, 2015년 듀크대학 출판부에 제출한 독자 리포트. 리에게 정말 감사하다. 그가 보여준 통찰과 생생한 공식화에 대해.

**2부 전립선 수술 이후의 섹스**

1) Philip Roth, *Exit Ghost* (New York: Vintage, 2007), 1-2. 앞으로 이 책의 인용은 괄호 안에 넣기로 함; [국역본] 필립 로스, 『유령 퇴장』, 박범수 옮김, 문학동네, 2014.
2) James Milton Mellard, "Gifts Reserved for Age: A Lacanian Study of Comedy in Philip Roth's *Exit Ghost,"Acta Scientarum, Language and Culture* 32, no. 1 (2010): 19.
3) Alan Cooper, "Zuckerman Unsound? A Roundtable Discussion on Philip Roth's Exit Ghost," ed. Derek Parker Royal, *Philip Roth Studies* 5, no. 1 (2009): 19.
4) 『유령 퇴장』, 137-38. 콘래드의 「그늘의 경계」의 1면을 인용한다.
5) Joseph Conrad, *Selected Literary Criticism and "The Shadow-Line," ed, Allan Ingram* (London: Methuen, 1986), 194.
6) Joseph Conrad, "Author's Note," in *Selected Literary Criticism*, 112.
7) 나는 콘래드의 서사가 내 이야기가 그렇듯이 사건에 대해 주인공이 느끼는 감정을 포착하기 위해 그의 일기장을 인용한다는 점을 흥미롭게 생각한다.
8) Gurumurthy Neelakantan, "Fiction as Faith: Philip Roth's Testament in *Exit Ghost," Philip Roth Studies* 10, no. 2 (2014): 43n6.
9) Paul Morrision, "End Pleasure," *GLQ: A Journal of Lesbian and Gay Studies* 1, no, 1 (1993): 55, 지그문트 프로이트의 글(*Three Essays on the Theory of Sexuality*)을 인용한다; [국역본] 지그문트 프로이트, 『성욕에 관한 세 편의 에세이』, 박종대 옮김, 열린책들, 2020.
10) Gary W. Dowsett, "'Losing My Chestnut': One Gay Man's Wrangle with Prostate Cancer," *Reproductive Health Matters* 16, no. 32 (2008): 145-46.
11) Morrison, "End Pleasure," 55, 리오 버사니의 *The Freudian Body*

(New York: Columbia University Press, 1986), 32, 인용.

12) 서사의 쾌락과 시간성에 관심 있는 이들은 도착과 관련된 논의를 버사니와 모리슨에게만이 아니라 서사적 마지막 쾌락(narrative end-pleasure)의 규범성에 대한 최근 비평에 연결하고자 할 수 있다. 예를 들면 2013년 선집 『서사적 중간』(Narrative Middles)에서 에이미 M. 킹(Amy M. King)은 "규범적 서사 이론들"은 "독자의 욕망을[ …]결론을 향한 욕망으로" 이해한다"고 쓴다. 킹은 "다른 종류의 (독자의) 욕망, 종결을 향한 황급한 돌진에 기초하지 않은[ …]욕망"을 탐색한다. 에이미 M. 킹의 다음 글을 볼 것. "Dilatory Description and the Pleasures of Accumulation," in *Narrative Middles*, ed. Caroline Levine and Mario Ortiz-Robles (Columbus: Ohio State University Press, 2013), 162-63, 172, 189n6.

13) Emily Wentzell, "Bad Bedfellows: Disability Sex Rights and Viagra," *Bulletin of Science, Technology and Society* 26, no. 5 (2006): 371.

14) Jane M. Ussher, Janette Perz, Emilee Gilbert, W.K.Tim Wong, and Kim Hobbs, "Renegotiating Sex and Intimacy after Cancer: Resisting the Coital Imperative," *Cancer Nursing* 36, no. 6 (2013): 460. "위반의 핵심 장소"라는 구절은 사이먼 J. 윌리엄스의 글("Bodily Dys-Order: Desire, Excess and the Transgression of Corporeal Boundaries," *Body and Society* 4, no. 2 (1998)에서 가져옴.

15) Margaret Jackson, "Sex Research and the Construction of Sexuality: A Tool of Male Supremacy?," *Women's Studies International Forum* 7, no. 1 (1984): 43-51; Kathryn McPhillips, Virginia Braun, and Nicola Gavey, "Defining (Hetero)Sex: How Imperative Is the 'Coital Imperative'?," *Women's Studies International Forum* 24, no. 2 (2001): 229-40.

16) Ussher et al., "Renegotiating Sex," 455.

17) Ussher et al., "Renegotiating Sex," 455.

18) *American Heritage Dictionary of the English Language* (Boston: American Heritage, 1969), 1391.

19) McPhillips et al., "Defining (Hetero) Sex," 233.

20) Ussher et al., "Renegotiating Sex," 455.

21) McPhillips et al., "Defining (Hetero)Sex," 229.

22) Morrison, "End Pleasure," 55, 프로이트의 글(*Three Essays on Sexuality*) 인용.

23) Ussher et al., "Renegotiating Sex," 457.

24) Ussher et al., "Renegotiating Sex," 457.

25) Ussher et al., "Renegotiating Sex," 457.

26) *American Heritage Dictionary of the English Language*, 501.

27) Sigmund Freud, "The Infantile Genital Organization: An Interpolation into the Theory of Sexuality," trans. Joan Riviere, in *The Standard Edition of the Complete Psychological Works of Sigmund Freud*, ed. James Strachey, vol. 19 (London: Hogarth, 1961), 141-48.

28) Ussher et al., "Renegotiating Sex," 455.

29) Ussher et al., "Renegotiating Sex," 459.

30) Dowsett, "'Losing My Chestnut,'" 150.

31) Ussher et al., "Renegotiating Sex," 460.

32) Merrily Weisbord, *Our Future Selves: Love, Life, Sex, and Aging* (Berkeley, CA: North Atlantic Books, 1991), 85에서 인용.

33) Wentzell, "Bad Bedfellows," 370.

34) Marysol Asencio, Thomas Blank, Lara Descartes, and Ashely Crawford, "The Prospect of Prostate Cancer: A Challenge for Gay Men's Sexualities as They Age," *Sexuality Research and Social Policy* 6, no. 4 (2009): 39.

35) Barbara L. Marshall and Stephen Katz, "Forever Functional: Sexual Fitness and the Ageing Male Body," *Body and Society* 8, no. 4 (2002): 44.

36) Ussher et al., "Renegating Sex," 455.

37) Leonore Tiefer, *Sex Is Not a Natural Act and Other Essays*

(Boulder, CO: Westview Press, 1995), 159. Peter Conrad and Joseph W. Schneider, *Deviance and Medicalization: From Badness to Sickness* (Philadelphia: Temple University Press, 1980)에서 재인용.

38) Stephen Katz and Barbara Marshall, "New Sex for Old: Lifestyle, Consumerism, and the Ethics of Aging Well," *Journal of Aging Studies* 17, no. 1 (2003): 4.

39) Barbara L. Marshall, "Medicalization and the Refashioning of Age-Related Limits on Sexuality," *Journal of Sex Research* 49, no. 4 (2012): 338.

40) Katz and Marshall, "New Sex for Old," 4.

41) Katz and Marshall, "New Sex for Old," 4.

42) Marshall and Katz, "Forever Functional"; Katz and Marshall, "New Sex for Old."

43) Eli Coleman, "A New Sexual Revolution in Health, Diversity and Rights," *SIECUS Report* 28, no. 2 (1999/2000): 5, Marshall, "Medicalization," 337에 인용됨.

44) Marshall, "Medicalization," 337.

45) Marshall, "Medicalization," 341.

46) Marshall, "Medicalization," 337.

47) Marshall and Katz, "Forever Functional," 60.

48) Wentzell, "Bad Bedfellows," 375.

49) Tina Vares, "Reading the 'Sexy Oldie' Gender, Age(ing), and Embodiment," *Sexualities* 12, no. 4 (2009): 503-24.

50) Marshall, "Medicalization," 341.

51) Katz and Marshall, "New Sex for Old," 13.

52) 거세로서의 노화에 대한 프로이트 사상에 관한 훌륭한 연구서로는 캐슬린 우드워드의 책 *Aging and Its Discontents: Freud and Other Fictions* (Bloomington: Indiana University Press, 1991)의 2장 ("Reading Freud: Aging, Castration, and Inertia")을 참고할 것.

### 결론

1) Linn Sandberg, "The Old, the Ugly and the Queer: Thinking Old Age in Relation to Queer Theory," *Graduate Journal of Social Science* 5, no. 2 (2008): 118. 2017년 노화에 관한 그라츠 컨퍼런스에서 만난 후 내게 원고를 보내준 샌드버그에게 감사를 표한다.
2) 샌드버그의 박사 학위 논문은 인생 후기 남자의 성에 관한 것으로, 단행본으로 출간되었다. *Getting Intimate: A Feminist Analysis of Old Age, Masculinity and Sexuality* (Linköping: Linköping University, 2011).
3) Sandberg, "The Old, the Ugly and the Queer," 118.
4) Margaret Morganroth Gullett, *Agewise: Fighting the New Ageism in America* (Chicago: University of Chicago Press, 2011), 143.
5) Joan Nestle, "A Change of LIfe," in *A Restricted Country* (Ithaca, NY: Firebrand Books, 1987), 131-32.
6) Gullette, *Agewise*, 95. 이와 관련된 내용은 이 책의 서문 중 "노화와 팔루스"라는 제목의 절에서 논의된다.

### 옮긴이 후기

1) 다음의 두 인터뷰를 참고. Jeffrey J. Williams, Jane Gallop, "Sexual/Theoretical Politics: An Interview with Jane Gallop," *Diacritics*, 46.3. 2018, pp. 80-98. Goutam Karmakar, "Body, sexuality, marriage and feminism: an interview with Jane Gallop," *Journal of Gender Studies*, 30.8. 2021, pp. 971-979.

# 참고 문헌

Asencio, Marysol, Thomas Blank, Lara Descartes, and Ashley Crawford. "The Prospect of Prostate Cancer: A Challenge for Gay Men's Sexualities as They Age." *Sexuality Research and Social Policy Journal* 6, no. 4 (2009): 38–51.

Barber, Stephen M., and David L. Clark. "Queer Moments: The Performative Temporalities of Eve Kosofsky Sedgwick." In *Regarding Sedgwick: Essays on Queer Culture and Critical Theory*, edited by Stephen M. Barber and David L. Clark, 1–54. Abingdon, UK: Routledge, 2002.

Belk, Russell W. "Shoes and Self." *Advances in Consumer Research* 30 (2003): 27–33.

Bersani, Leo. *The Freudian Body*. New York: Columbia University Press, 1986.

Berube, Michael. "Afterword." In *Disability Studies: Enabling the Humanities*, edited by Sharon Snyder, Brenda Jo Brueggemann, and Rosemarie Garland-Thomson, 337–43. New York: Modern Language Association, 2002.

Brooks, Peter. *Reading for the Plot: Design and Intention in Narrative*. Cambridge, MA: Harvard University Press, 1992.

Brown, Maria T. "lgbt Aging and Rhetorical Silence." *Sexuality Research and Social Policy: Journal of nsrc* 6, no. 4 (2009): 65–78.

Brownmiller, Susan. *Femininity*. London: Grafton Books, 1986.

Butler, Judith. *Bodies That Matter: On the Discursive Limits of "Sex."* Abingdon, UK: Routledge, 1993.

Butler, Judith. "The Lesbian Phallus and the Morphological

Imaginary." *differences* 4, no. 1 (1992): 133 – 71.

Campbell, Jan. *Arguing with the Phallus: Feminist, Queer and Postcolonial Theory.* London: Zed Books, 2000.

Chandler, Eliza. "Sidewalk Stories: The Troubling Task of Identification." *Disability Studies Quarterly* 30, nos. 3–4 (2010). http://dsq-sds.org/article/view/1293/1329.

Clare, Eli. *Exile and Pride: Disability, Queerness and Liberation.* Classics edition. Boston: South End, 2009.

Clare, Eli. "Stolen Bodies, Reclaimed Bodies: Disability and Queerness." *Public Culture* 13, no. 3 (2001): 359 – 65.

Coleman, Eli. "A New Sexual Revolution in Health, Diversity and Rights." *SIECUS Report* 28, no. 2 (1999/2000): 4–8.

Conrad, Joseph. *Selected Literary Criticism and "The Shadow-Line."* Edited by Allan Ingram. London: Methuen, 1986.

Conrad, Peter, and Joseph W. Schneider. *Deviance and Medicalization: From Badness to Sickness.* Philadelphia: Temple University Press, 1980.

de Lauretis, Teresa. *The Practice of Love: Lesbian Sexuality and Perverse Desire.* Bloomington: Indiana University Press, 1994.

de Lauretis, Teresa. "Queer Theory: Lesbian and Gay Sexualities. An Introduction." *differences* 3, no. 2 (1991): iii–xviii.

Dowsett, Gary W. "'Losing My Chestnut': One Gay Man's Wrangle with Prostate Cancer." *Reproductive Health Matters* 16, no. 32 (2008): 145–50.

Early, Gerald. "Black Men and Middle Age." *Hungry Mind Review* 46, no. 1 (1993): 26.

Edelman, Lee. *No Future: Queer Theory and the Death Drive.* Durham, NC: Duke University Press, 2004.

Finkelstein, S. Naomi. "The Only Thing You Have to Do Is Live."

*GLQ: A Journal of Lesbian and Gay Studies* 9, nos. 1–2 (2003): 307–19.

Franklin, Cynthia. *Academic Lives: Memoir, Cultural Theory, and the University Today*. Athens: University of Georgia Press, 2009.

Freeman, Elizabeth, ed. "Queer Temporalities." Special issue, *GLQ: A Journal of Lesbian and Gay Studies* 13, nos. 2–3 (2007).

Freeman, Elizabeth. "Time Binds, or, Erotohistoriography." *Social Text* 23, nos. 3-4 (2005): 57–68.

Freeman, Elizabeth. *Time Binds: Queer Temporalities, Queer Histories*. Durham, NC: Duke University Press, 2010.

Freud, Sigmund. "The Infantile Genital Organization: An Interpolation into the Theory of Sexuality." Translated by Joan Riviere. In *The Standard Edition of the Complete Psychological Works of Sigmund Freud*, edited by James Strachey, vol. 19, 141–48. London: Hogarth, 1961.

Freud, Sigmund. "Three Essays on the Theory of Sexuality." Translated by James Strachey. In *The Standard Edition of the Complete Psychological Works of Sigmund Freud*, edited by James Strachey, vol. 7, 125-231. London: Hogarth, 1961.

Gallop, Jane. *Anecdotal Theory*. Durham, NC: Duke University Press, 2002.

Gallop, Jane. *The Daughter's Seduction: Feminism and Psychoanalysis*. Ithaca, NY: Cornell University Press, 1982.

Gallop, Jane. *The Deaths of the Author: Reading and Writing in Time*. Durham, NC: Duke University Press, 2011.

Gallop, Jane. *Reading Lacan*. Ithaca, NY: Cornell University Press, 1985.

Gallop, Jane. *Thinking through the Body*. New York: Columbia University Press, 1987.

Gamman, Lorraine. "Self-Fashioning, Gender Display, and Sexy Girl Shoes: What's at Stake—Female Fetishism or Narcissism?" In *Footnotes: On Shoes*, edited by Shari Benstock and Suzanne Ferriss, 93–115. New Brunswick, NJ: Rutgers University Press, 2001.

Garland-Thomson, Rosemarie. *Extraordinary Bodies: Figuring Physical Disability in American Culture and Literature*. New York: Columbia University Press, 1997.

Giele, Janet Z. and Glen H. Elder Jr., eds. *Methods of Life Course Research: Qualitative and Quantitative Approaches*. Thousand Oaks, CA: Sage, 1998.

Gill, Carol. "A Psychological View of Disability Culture." *Disability Studies Quarterly* 15, no. 4 (1995): 16–19.

Gullette, Margaret Morganroth. *Aged by Culture*. Chicago: University of Chicago Press, 2004.

Gullette, Margaret Morganroth. *Agewise: Fighting the New Ageism in America*. Chicago: University of Chicago Press, 2011.

Gullette, Margaret Morganroth. *Declining to Decline: Cultural Combat and the Politics of the Midlife*. Charlottesville: University Press of Virginia, 1997.

Gullette, Margaret Morganroth. "Midlife Discourses in the Twentieth-Century United States: An Essay on the Sexuality, Ideology, and Politics of 'Middle-Ageism.'" In *Welcome to Middle Age! (And Other Cultural Fictions)*, edited by Richard A. Shweder, 3 – 44. Chicago: University of Chicago Press, 1998.

Gullette, Margaret Morganroth. *Safe at Last in the Middle Years: The Invention of the Midlife Progress Novel*. BackinPrint edition. New York: Authors Guild, 2000. Orig. pub. Berkeley: University of California Press, 1988.

Halberstam, Judith [Jack]. *In a Queer Time and Place: Transgender Bodies, Subcultural Lives, Sexual Cultures*. New York: New York University Press, 2005.

Halperin, David M., and Valerie Traub. "Beyond Gay Pride." In *Gay Shame*, edited by David M. Halperin and Valerie Traub, 3 – 40. Chicago: University of Chicago Press, 2009.

Henry, Astrid. *Not My Mother's Sister: Generational Conflict and Third-Wave Feminism*. Bloomington: Indiana University Press, 2004.

Hess, Linda M. "'My Whole Life I've Been Dressing Up Like a Man': Negotiations of Queer Aging and Queer Temporality in the TV Series Transparent." *European Journal of American Studies* 11, no. 3 (2017): 1–19.

Hsieh, Lili. "A Queer Sex, or, Can Feminism and Psychoanalysis Have Sex without the Phallus." *Feminist Review*, no. 102 (2012): 97–115.

Jackson, Margaret. "Sex Research and the Construction of Sexuality: A Tool of Male Supremacy?" *Women's Studies International Forum* 7, no. 1 (1984): 43–51.

Kafer, Alison. Feminist, *Queer, Crip*. Bloomington: Indiana University Press, 2013.

Katz, Stephen, and Barbara Marshall. "New Sex for Old: Lifestyle, Consumerism, and the Ethics of Aging Well." *Journal of Aging Studies* 17, no. 1 (2003): 3–16.

King, Amy M. "Dilatory Description and the Pleasures of Accumulation." In *Narrative Middles*, edited by Caroline Levine and Mario Ortiz-Robles, 161–94. Columbus: Ohio State University Press, 2013.

Lacan, Jacques. "The Signification of the Phallus." In *Ecrits: A*

*Selection*, translated by Alan Sheridan, 281–91. New York: Norton, 1977.

Lacan, Jacques. "Tuche and Automaton." In *The Four Fundamental Concepts of Psycho-Analysis*, translated by Alan Sheridan, 53–66. New York: Norton, 1978.

Lawrence, D. H. *Lady Chatterley's Lover.* New York: Bantam Classic, 2007.

Lehrer, Riva. "Golem Girl Gets Lucky." In *Sex and Disability*, edited by Robert McRuer and Anna Mollow, 231–55. Durham, NC: Duke University Press, 2012.

Marshall, Barbara L. "Medicalization and the Refashioning of Age-Related Limits on Sexuality." *Journal of Sex Research* 49, no. 4 (2012): 337–43.

Marshall, Barbara L., and Stephen Katz. "Forever Functional: Sexual Fitness and the Ageing Male Body." *Body and Society* 8, no. 4 (2002): 43–70.

McPhillips, Kathryn, Virginia Braun, and Nicola Gavey. "Defining (Hetero) Sex: How Imperative Is the 'Coital Imperative'?" *Women's Studies International Forum* 24, no. 2 (2001): 229–40.

McRuer, Robert. *Crip Theory: Cultural Signs of Queerness and Disability.* New York: New York University Press, 2006.

McRuer, Robert, and Anna Mollow, eds. *Sex and Disability.* Durham, NC: Duke University Press, 2012.

McRuer, Robert, and Abby L. Wilkerson, eds. "Queer Theory Meets Disability Studies." Special issue, *GLQ: A Journal of Lesbian and Gay Studies* 9, nos. 1–2 (2003).

Medovoi, Leerom. "Age Trouble: A Timely Subject in American Literary and Cultural Studies." *American Literary History* 22, no. 3 (2010): 657–72.

Mellard, James Milton. "Gifts Reserved for Age: A Lacanian Study of Comedy in Philip Roth's Exit Ghost." *Acta Scientarum, Language and Culture* 32, no. 1 (2010): 7–20.

Morrison, Paul. "End Pleasure." *GLQ: A Journal of Lesbian and Gay Studies* 1, no. 1 (1993): 53–78.

Neelakantan, Gurumurthy. "Fiction as Faith: Philip Roth's Testament in Exit Ghost." *Philip Roth Studies* 10, no. 2 (2014): 31–45.

Nestle, Joan. "A Change of Life." In *A Restricted Country*, 131–33. Ithaca, NY: Firebrand Books, 1987.

Platt, Mary Frances. "Reclaiming Femme . . . Again." In *The Persistent Desire: A Femme-Butch Reader*, edited by Joan Nestle, 388–89. New York: Alyson, 1992.

Port, Cynthia. "No Future? Aging, Temporality, History, and Reverse Chronologies." *Occasion: Interdisciplinary Studies in the Humanities* 4 (2012): 1–19.

Rossi, William A. *The Sex Life of the Foot and the Shoe.* New York: Saturday Review Press / E. P. Dutton, 1976.

Roth, Philip. *Exit Ghost.* New York: Vintage, 2007.

Royal, Derek Parker, ed. "Zuckerman Unsound? A Roundtable Discussion on Philip Roth's Exit Ghost." *Philip Roth Studies* 5, no. 1 (2009): 7–34.

Sandberg, Linn. *Getting Intimate: A Feminist Analysis of Old Age, Masculinity and Sexuality.* Linkoping, Sweden: Linkoping University, 2011.

Sandberg, Linn. "The Old, the Ugly and the Queer: Thinking Old Age in Relation to Queer Theory." *Graduate Journal of Social Science* 5, no. 2 (2008): 117–39.

Shakespeare, Tom. "Disabled Sexuality: Toward Rights and Recognition." *Sexuality and Disability* 18, no. 3 (2000): 159–66.

Steele, Valerie. *Shoes: A Lexicon of Style*. London: Scriptum Editions, 1998.

Tiefer, Leonore. *Sex Is Not a Natural Act and Other Essays*. Boulder, CO: Westview Press, 1995.

Ullerstam, Lars. *The Erotic Minorities*. New York: Grove Press, 1966.

Updike, John. *Couples*. New York: Knopf, 1968.

Ussher, Jane M., Janette Perz, Emilee Gilbert, W. K. Tim Wong, and Kim Hobbs. "Renegotiating Sex and Intimacy after Cancer: Resisting the Coital Imperative." *Cancer Nursing* 36, no. 6 (2013): 454–62.

Vares, Tiina. "Reading the 'Sexy Oldie': Gender, Age(ing) and Embodiment." *Sexualities* 12, no. 4 (2009): 503–24.

Wachsler, Sharon. "Still Femme." In *Restricted Access: Lesbians on Disability*, edited by Victoria Brownworth and Susan Raffo, 109–14. Seattle: Seal Press, 1999.

Waxman, Barbara Faye, and Carol J. Gill. "Sexuality and Disability: Misstate of the Arts." *Journal of Sex Research* 33, no. 3 (1996): 267–70.

Weisbord, Merrily. *Our Future Selves: Love, Life, Sex, and Aging*. Berkeley, CA: North Atlantic Books, 1991.

Wentzell, Emily. "Bad Bedfellows: Disability Sex Rights and Viagra." Bulletin of Science, Technology and Society 26, no. 5 (2006): 370–77.

Wilkerson, Abby. "Slipping." In *Gay Shame*, edited by David M. Halperin and Valerie Traub, 188–91. Chicago: University of

Chicago Press, 2009.

Williams, Simon J. "Bodily Dys-Order: Desire, Excess and the Transgression of Corporeal Boundaries." *Body and Society* 4, no. 2 (1998): 59–82.

Wobovnik, Claudia. "These Shoes Aren't Made for Walking: Rethinking High-Heeled Shoes as Cultural Artifacts." *Visual Culture and Gender* 8 (2013): 82–92.

Woodward, Kathleen. *Aging and Its Discontents: Freud and Other Fictions*. Bloomington: Indiana University Press, 1991.

# 찾아보기 (용어)

**ㅇ**



**ㅈ**

# 찾아보기 (인명)

**퀴어 시간성에 관하여**

**섹슈얼리티, 장애, 나이 듦의 교차성**

1판 1쇄 2023년 7월 3일

지은이 제인 갤럽
옮긴이 김미연
펴낸이 김수기

펴낸곳 현실문화연구
등록 1999년 4월 23일 / 제25100-2015-000091호
주소 서울시 은평구 불광로 128 배진하우스 302호
전화 02-393-1125 / 팩스 02-393-1128 / 전자우편 hyunsilbook@daum.net
ⓗ hyunsilbook.blog.me ⓕ hyunsilbook ⓣ hyunsilbook

ISBN 978-89-6564-284-8 (03300)